HANNAH ist Mitte 30, als sie – nach einem traumatischen Erlebnis – ihren Job in einem Medienunternehmen aufgibt. In dem Unternehmen, in dem ein Personalleiter kürzlich tödlich verletzt wurde. War es ein Unfall oder eine Intrige entlassener Mitarbeiter mit tödlicher Folge? Wollte sich jemand rächen? Von jetzt auf gleich wird Hannahs Leben bunt und lebendig. Beruflich startet sie mit dem Masterstudiengang *Biografisches und Kreatives Schreiben* und einem Vertrag für ihr erstes Buch neu durch. Für ihr Buch interviewt sie Menschen aus der Schreibszene Berlins. Eine Begegnung mit einem ‚Intrigen-Drehbuch-Coach' inspiriert sie nachhaltig. Plötzlich wird ihr klar, dass sie selbst in einer Intrige gefangen war. **Schreibend verarbeitet sie die Geschehnisse und findet neue Wege.** Und dann sind da auch noch Jan und Robin. Jan, der nach einer kurzen Liebesbegegnung auf und davon zu sein scheint. Und Robin, der doch nur ihr Mitbewohner und emotionaler Halt ist?

Susanne Diehm

HANNAHS FABELHAFTE WELT DES KREATIVEN SCHREIBENS

Roman

Schibri-Verlag Berlin • Strasburg • Milow

Bestellungen über
    den Buchhandel
    oder direkt beim Verlag

© 2013 by Schibri-Verlag,
Am Markt 22, 17335 Strasburg/Uckermark
www.schibri.de

Umschlaggestaltung: Cobi Berlin
Layout: Iris van Beek

Das Werk und seine Teile sind urheberrechtlich geschützt. Jede Verwertung in anderen als den gesetzlich zugelassenen Fällen bedarf der vorherigen schriftlichen Einwilligung des Verlags.

Alle Rechte vorbehalten
Printed in Germany

ISBN 978-3-86863-116-6

INHALT

Prolog	7
Robin	9
U-Bahn	19
Eine Intrige?	33
Freundschaft, Liebe, Sex	38
Veränderung	47
Intrigen-Coaching	58
Die Entscheidung	72
In der Schreibgruppe	75
Die Kollegin	83
Lyrik an der Uni	88
Eine erotische Enthüllung	93
Zum Schreiben ermutigen	100
Begegnung am Grab	107
Umschreiben	110
Mondscheingeflüster im Jardin Tropical	129
Schwimmen	140
Schreibspiel	145
Rosa	158
Ankunft	165
Jan	168
Verraten	175
Abschied	185
Epilog	187
Anhang	189
Danksagung	195

PROLOG

Der Mann blickte sich noch einmal um. Er fröstelte und schlug den Mantelkragen hoch. Die Ulmenallee war um diese Zeit noch menschenleer. Er war sich sicher, dass ihn niemand gesehen hatte. Das Haus, in dem er gerade seinen Personalvorstandskollegen erschlagen hatte, sah so friedlich aus, fast unberührt. *Nur die Buchsbäume im Vorgarten müssten dringend mal wieder geschnitten werden*, dachte der Mann und zündete sich eine Zigarette an. Langsam, wie ein Flaneur, spazierte er die Ulmenallee hinunter. Das Mädchen im Dachgeschoss, das hinter der Gardine stand und ihm nachsah, hatte er nicht bemerkt. Er war sich seiner Sache sehr sicher. Die Geschichte mit der Frau gestern hatte ihn wieder ins Lot gebracht, ihm sein angeknackstes Selbstbewusstsein zurückgegeben. Was er jetzt getan hatte, das empfand er als zutiefst gerecht. *Es konnte doch nicht sein, dass man ihn einfach so vor die Tür setzte, nach so vielen Jahren, dass man gerade ihn zu so einem Seelenklempner schickte, zu einem Therapeuten, der ihm eine Anpassungsstörung andichten wollte. Einfach lächerlich! Aber derjenige, der das alles zu verantworten hatte, dieses Frontschwein, das ihm gerade letzten Monat noch das Zeugnis verweigert hatte, der lag jetzt tot auf seinen hübsch verzierten Terracotta-Fliesen,* dachte der Mann und schnippte seine Zigarette in den Rinnstein.

ROBIN

Hannah drehte den Schlüssel im Schloss und schnappte nach Luft. Die vier Stockwerke zu ihrer Altbauwohnung hatten ihr den letzten Atem geraubt, obwohl sie die Treppen wie in Zeitlupe gegangen war. Erst dieses katastrophale Betriebsfest gestern und dann der Horrortrip mit der U-Bahn. Die Wohnungstür war sperrig. Hannah musste fest ziehen, um sie zu öffnen. Sie stieß die Tür auf und ließ ihre schwarze Tasche neben der Garderobe fallen. Die Pumps streifte sie von den Füßen und schleuderte sie in die Ecke. Sehnsüchtig ging ihr Blick zu ihrer Schlafzimmertür am Ende des Gangs.

Es roch nach Gebratenem, und ein Hauch von Knoblauch stieg ihr in die Nase. „Hannah?" Die Stimme kam aus der Küche. Durch das Milchglasfenster konnte sie einen Schatten erkennen. „Ja, Robin, ich bin wieder da", antwortete sie. Die Küchentür ging auf und ein Mann Anfang Dreißig, mit auffallend rotblonden Haaren, lächelte sie an. „Perfektes Timing, wir können gleich essen!", sagte er. „Als hätte ich geahnt, dass du heute früher kommst! War eigentlich auch klar, nach dem Fest gestern. Da musst selbst du heute müde sein und mal früher nach Hause. Gab's noch Stress bei den Abbauarbeiten oder warum siehst du so erledigt aus?" Er grinste. „Schlimmer als gestern Nacht kann's doch nicht gewesen sein. Ich bin sicher, deine Gäste beim Betriebsfest haben es wie immer genossen. Im Gegensatz zu dir, du bist wahrscheinlich wieder nicht zufrieden, oder?" Er sah sie fragend an: „Komm, Schätzchen, Du bist einfach nur müde, jetzt wasch Dir schön die Hände und nach dem Essen bist Du wie neu." Sein Blick verweilte auf ihr und seine Stimme war strenger geworden, so als duldete sie keinen Widerspruch. „Ja, Robin, ich komm gleich." Sie wich seinem Blick aus, schlug die Augen nieder und ging ins Bad. Das kleine Badezimmer war in einem Schachbrettmuster weiß und grau gekachelt. An der Tür befanden sich zwei Handtuchhalter, und auf dem Waschbecken standen zwei Zahnbürsten in weißen Porzellanbechern.

Hannah ließ das Wasser über ihre Handgelenke laufen und vermied den Blick in den Spiegel. Erst als sie die Hände zwei Minuten eingeseift und dann lange unter heißem Wasser abgespült hatte, konnte sie dem Spiegel nicht mehr widerstehen. Sie trat einen Schritt zurück und musterte sich. Ihre schulterlangen braunen Haare waren zerzaust und fielen locker herab. Das früh sorgfältig aufgetragene Make-up war kaum mehr vorhanden, alles verwischt oder abgerieben. Auch der Lippenstift hatte sich in Luft aufgelöst. Ihre Freundinnen sagten oft, dass Hannah von der Gesichtsform und vom Haarschnitt her der chilenischen Studentenführerin Camila Vallejo ähnlich sähe. Aber heute war von deren keckem Blick und straffer Haltung nichts an Hannah zu sehen. Außerdem waren Hannahs Augenbrauen ausgeprägter und die Lippen voller. Sie presste die Lippen aufeinander und machte sie schmaler. Auch jetzt fühlten sie sich noch weich und geschmeidig an. Mit einem Ruck drehte sie sich weg und trocknete sich die Hände nur oberflächlich ab. „Kommst Du jetzt? Ich kann den Spargel nicht länger warm halten, sonst ist er zu weich." Hannah lief durch den Flur und rieb sich die noch feuchten Hände am Rock trocken. Ein Blick auf den Esstisch bestätigte, was sie befürchtet hatte: Robin hatte sich wieder wahnsinnig viel Mühe gemacht ... und sie hatte überhaupt keinen Hunger. Auf zwei Tellern aus weißem Bone-China-Porzellan servierte er jeweils ein Rindersteak mit einem Tropfen rotbrauner Soße am Rand, dazu drei Stangen importierten grünen Spargel und zwei kleine Pellkartoffeln. In der Mitte des Tisches platzierte er eine Sauciere. Hannah setzte sich an den Kirschholztisch.

„Halt, bitte gib mir nur eine kleine Portion!" Sie bemerkte seinen verwunderten Blick: „Es tut mir Leid, das Essen sieht phantastisch aus, aber, ach, ich krieg heute halt kaum einen Bissen runter...

aber, wenn du darauf bestehst, dann musst du mir die Hälfte abnehmen." Hannah schob Robin eine Kartoffel und zwei Stangen Spargel rüber und zerteilte das Steak. Robin holte eine Weißweinflasche aus dem Designer-Kühlschrank aus Edelstahl, goss ihr ein und ließ sich dann auf seiner Seite am Tisch nieder. Er warf Hannah einen enttäuschten Blick zu. Seine blauen Augen strahlten nicht so wie sonst, und er klang fast etwas beleidigt, als er sagte: „So, jetzt erzählst du mir mal, was los ist. Wo drückt der Schuh, Prinzessin? Ich weiß doch, da ist was im Busch, du bist einfach nicht du selbst heute. Also raus damit!" Er nahm das Besteck in die Hand, stützte die Ellbogen auf den Tisch und blickte sie erwartungsvoll an. Hannah nippte an ihrem Weißweinglas, drehte es in den Händen, gönnte sich erst einen kräftigen Schluck, dann noch einen, um es danach nochmals in ihren Händen zu drehen. Endlich schaute sie ihn an und begann zu reden. „Ich habe heute, Du würdest sagen *den Mann meines Lebens* kennen gelernt. Oder besser gesagt jemanden, mit dem ich gern viel Zeit verbringen würde. Außerdem hab ich meinen Job gekündigt." Robins Gesicht verzog sich. Er sah gequält aus, so als könne er nicht glauben, was er da hörte. „Guck nicht so. Ich bin nicht bescheuert. Ich weiß, was ich tue." Sie nahm eine der Servietten und begann sie trotz des festen Papiers zu zerreißen, Streifen für Streifen. Robin beobachtete sie dabei, sagte aber

immer noch nichts. „Also gut. Ich erzähle es Dir von Anfang an. Vielleicht verstehst Du dann, was mit mir los ist." Das Essen war kalt geworden, selbst Robin hatte kaum einen Bissen angerührt. Hannah wollte ihm beim Abräumen helfen. „Ich mach das schon, lass mal, ich muss das erst mal verdauen. Ist ja alles unglaublich. Geh schon ins Wohnzimmer vor und steh mir nicht im Weg …"
Hannah kam die Zeit auf diesem riesigen cremefarbenen Sofa, auf dem sie sich so allein und verloren fühlte, unendlich lang vor, obwohl Robin nicht mehr als zehn Minuten gebraucht hatte. Als er hereinkam, saß sie zusammengesunken in der Ecke des Sofas und hatte die Beine hochgelegt. Er setzte sich neben sie. „Du hast also deinem Chef die Brocken vor die Füße geworfen, nur weil er dich ungerecht behandelt hat? Hab ich das richtig verstanden, du willst wegen eines dämlichen Betriebsfestes deine Existenz aufgeben? Nur weil du mal kritisiert wirst? Du weißt doch, wie schwierig das ist mit den Jobs heute?", fragte er fassungslos.

„Nun werde nicht gleich so theatralisch, Robin. Es ist nur ein Job! Du hättest das mal erleben müssen, die haben mich alle geschnitten, selbst Lucy Scheller … und für Berenler, den Personalchef, war ich wie Luft. Der wäre fast durch mich durch gelaufen, du weißt doch, wie er ist. Er kam kurz vor knapp von der Firmenzentrale aus Frankfurt zurück und hatte eh schlechte Laune. Wahrscheinlich hat ihm dort einer von denen, die er entlassen musste, … ich weiß es nicht. Ist aber auch egal! Jedenfalls darf mir so etwas einfach nicht passieren, ich bin verantwortlich für reibungslose Abläufe. Wenn alles gut läuft, dann heimsen wieder nur die Chefs den Erfolg ein, aber wenn es ausnahmsweise nicht klappt, brauchen sie einen Sündenbock, dann müssen Köpfe rollen … Ich bin das jetzt leid, immer nur den Kopf hinhalten zu müssen. Für uns das Fallbeil und für die da oben die Lorbeeren. Bevor sie mir diesen einen Fehler ankreiden und mich öffentlich hinrichten, da gehe ich lieber freiwillig." Robin schüttelte den Kopf: „Du bist des Wahnsinns, das war eine gut bezahlte Stelle mit allen Sozialleistungen. Die wirft man doch nicht einfach hin, nur weil sich die Dame zu fein ist, mal ein wenig Kritik einzustecken …"

Hannah fuhr hoch: „Keine Sorge, mein Lieber, ich werde die Miete für unsere WG schon bezahlen können. Ich habe Rücklagen und ruckzuck bekomme ich einen neuen Job. Ist sowieso an der Zeit, dass ich die Richtung wechsle. Für das PR-Geschäft bin ich langsam zu alt, wenn ich jetzt in die Phase der Familienplanung gehe …"

„Du triffst einen Typen in der U-Bahn, knutschst mit ihm rum, … gehst nicht mehr zur Arbeit, um dich mit einem wildfremden Mann rumzutreiben und

redest schon von Familienplanung? Was ist mit dir los, spinnst du?" Hannah drehte sich ihm zu: „Ich hatte gehofft, dass Du das begreifen würdest. Auch Du weißt doch hoffentlich, was ein *coup de foudre* ist, *love at first sight, amor a primera vista* – genau das ist mir heute passiert!" Sie sah ihn wütend an. „Oder meinst du, das gibt's nur unter Männern? Außerdem war er mir nicht gänzlich fremd. Ich bin mir sicher, dass ich ihn zuvor schon mal gesehen habe. Ich weiß bloß nicht wo …, als wenn ich ihm schon mal ganz nah gewesen wäre …"
„Oh Gott, wenn du dich jetzt sehen könntest …"

„Ach, hör doch auf. Ich geh jetzt schlafen und bevor du mir noch die Freude verdirbst – ja, ich geh jetzt schlafen und träum von ihm. Gute Nacht!" Hannah griff nach ihrer Jacke, die ihr von den Schultern gerutscht war und stürmte so würdevoll wie sie konnte aus dem Zimmer. Robin blieb einen Moment sitzen, dann stand er auf und knipste die Lampe auf der Kommode aus.

Ein nicht abgeschickter Brief an Jan

Lieber Jan,

es war so wunderbar, Dich heute zu treffen, ich MUSS Dir schreiben, sonst finde ich keine Ruhe. Ich kann Dir diesen Brief nicht schicken, da ich Deine Adresse nicht habe. Ich hab Dir meine gegeben. Du hast mir für morgen einen Anruf versprochen, darauf freue ich mich schon sehr. Meine Gefühle schwappen gerade so hoch, dass ich mir schreibend Erleichterung verschaffen muss. Ich würde sonst platzen. Lass mich dir noch einmal sagen, wie sehr ich den Tag mit Dir genossen habe. Du bist genau im rechten Moment gekommen. Normalerweise bin ich nicht so ängstlich, aber es hat mich einfach kalt erwischt ... Ich dachte wirklich, mein letztes Stündlein hätte geschlagen, da unten im U-Bahn-Schacht. Weißt Du, meine Überreaktion lässt sich erklären, wir haben es ja schon angesprochen. Ich hatte viel zu wenig geschlafen, ich war ungerecht behandelt worden, und ich habe in den Minuten, bevor wir uns trafen, beschlossen, dass sich alles ändern muss, mein ganzes Leben!

Direkt danach bist Du aufgetaucht. Ist das nicht ein gutes Zeichen? Es kommt mir so vor, als wenn ich dich gerufen hätte und du hättest schon bereit gestanden. Bereit und zur Stelle. Bereit, mein Lieber, wäre ich für dich heute auch gewesen ... aber es ist vielleicht doch zu früh, Intimitäten auszutauschen, und sei es auch nur hier auf dem Papier in meiner Phantasie ...

Mein Herz schlägt für Dich. Das hast Du sicher gemerkt, als ich im ‚Liebesengel' in Kreuzberg auf deinem Schoß gesessen habe. Und wenn nicht so viele Leute in der Kneipe gewesen wären, dann hätte der Name zum Programm werden können.

Wie schnell ich mich von Dir überzeugen ließ. Aber das lag daran, wie Du reagiert hast ... und ich war so glücklich, lebend aus der U-Bahn rausgekommen zu sein ... es heißt doch, dass Menschen nach Extremsituationen geradezu ekstatisch das Verlangen nach Liebe haben. Oder kommt das nur in schlechten Romanen vor? Du hättest die Situation noch stärker nutzen sollen...

Wenn du morgen anrufst, lass dich nicht abschrecken, wenn ein Mann am Telefon ist: Ich lebe mit einem schwulen Freund in einer WG. Er ist charming (außer heute, als er mir den Kopf gewaschen hat dafür, dass ich den Job geschmissen habe), und wir verstehen uns gut. Für die Frauenwelt schade, dass er nur auf Männer steht. Meine Freundinnen bedauern das immer ... Ich bin gespannt, wie er Dich findet ... bestimmt so umwerfend wie ich auch.

Nun bin ich aber doch ganz froh, dass du diesen Brief niemals lesen wirst. Er strotzt ja nur so vor Komplimenten und Liebesbeweisen. Also, das ist eigentlich nicht meine Art, jemanden so zu umwerben, aber … genau deswegen werde ich den Brief auch nicht abschicken. Ha, außerdem hab ich Deine Adresse gar nicht – das sollten wir bald ändern … Träum schön – ich finde dich im Schlaf …

U-BAHN

Hannah konnte nicht einschlafen. Zu viel war heute passiert. Sie konnte es immer noch nicht glauben. War das alles wahr, oder Fiktion? Hatte sie sich diese Geschichte womöglich nur ausgedacht? Nein, sie war hier nicht die Autorin, sondern die Protagonistin. Die Ereignisse des Tages zogen in einem Rückblick noch einmal an ihr vorbei.

„Sakrament noch mal, in einer halben Stunde bin ich da, so viel Zeit wird es doch noch haben", sagte sie leise, aber betont deutlich ins Handy und legte auf. Gestern hatte sie ein Betriebsfest für 400 Menschen im Hangar des Flughafen Tempelhofs durchgeführt. Konnte sie doch nichts dafür, dass der Geschäftsführer ihres Unternehmens *Movies Entertainment* vorab unbefugt durchs Gelände gestreift und von den Security-Kräften aufgegriffen worden war. Endlich befreit, wurde seine schlechte Laune noch dadurch gesteigert, dass eine Serviererin ihm auf der Treppe den Begrüßungssekt über die Hose gegossen hatte. Nichts mehr zu retten war, als die Technik just in dem Moment versagte, als er zu seiner Begrüßungsrede ansetzte. Da konnte aller Applaus der Mitarbeiter für die gelungene Organisation des Fests nichts mehr ausrichten: In seinen Augen hatte sie versagt.

„Scheiß der Hund drauf", sagte sie und ignorierte den verblüfften Blick eines Typen in Jeans, der sie gehört hatte. Sie lief mit wehendem Mantel die Stufen zur U-Bahn am Ernst-Reuter-Platz hoch. *Komisch, warum standen da so viele Leute auf dem Bahnsteig Richtung Zoo? War die U-Bahn ausgefallen? Oder gleich mehrere?* Gedränge, total überfüllt, die Leute standen dicht an dicht. Überall verärgerte Gesichter.

In die Gegenrichtung schien es glatt zu laufen, die Bahn fuhr gerade ab. Auf der digitalen Anzeige war nichts zu lesen. Über Lautsprecher kam die Ansage, dass es eine Verspätung gäbe im U-Bahn-Verkehr Richtung Pankow. Mit einem Blick auf die teilnahmslosen bis aufgebrachten Gesichter der Wartenden drehte sie kurz entschlossen um, rannte die Treppen hinunter und auf der Gegenseite wieder hinauf. Mit der U 1 Richtung Ruhleben bis Bismarckstraße, dort umsteigen in die U 7. So könnte es gehen. Sie würde den Stau einfach clever umfahren. Als die U 1 ein paar Minuten später einfuhr, ergatterte sie sogar einen Sitzplatz. Sie winkte den Wartenden auf dem anderen Gleis übermütig zu, als ihr Zug sich in Bewegung setzte.

Ein Pärchen, beide in creme-beigem Anorak, war neben ihr in die Sitze geplumpst. Ihrem Dialekt nach zu urteilen kamen sie aus Schwaben. Sie hatten ein verschnürtes Paket dabei. Gestern Abend hatte sie bei *Anne Will* eine Diskussion über den Terror von Al Kaida verfolgt. Unter den geladenen Gästen eine rotlockige junge Frau, die aus Deutschland stammte und jetzt in Israel lebte. Sie gab den Deutschen Tipps aus dem Krisengebiet: Der aufmerksame Bürger sei gefragt, der jede Auffälligkeit sofort den Behörden meldet. Für Ende November seien Anschläge geplant, so hatte Innenminister de Maizière gewarnt, „ohne Hysterie verbreiten zu wollen".

Sie musterte erst das Paket und dann das Paar, das sie so Mitte Vierzig schätzte und das gar nichts Bedrohliches an sich hatte. *Obwohl, das sollen ja die Schlimmsten sein…?* Vor allem der Klang ihrer Sprache lullte sie ein. Schwäbische Mundart. Belanglose Themen. Sie schüttelte den Kopf über sich. So weit war es schon mit ihr gekommen, dass sie harmlose Mitbürger auf Berlin-Urlaub verdächtigte und auf deren Gefährlichkeit hin scannte?

Deutsche Oper. Eine typische „Charlottenburger Witwe" bestieg den Zug und setzte sich ihr gegenüber. Dunkle, schwarz gefärbte Haare, sauber geschnitten. Make-up wie gemalt, die Augenbrauen gezeichnet. Teure Markenkleidung, enge schwarze

Hose, die in kleinen Stiefelchen steckte, lila Bluse und Jacke von *Strenesse*. Kaum, dass sie saß, schlug sie erst ein Bein über das andere und dann die *Gala* auf.

Wieder ruckelte der Zug an. *Nur noch eine Station bis Bismarckstraße. Wenn jetzt nichts mehr dazwischenkommt, dann könnte ich es noch schaffen*, dachte Hannah. Der Zug hielt. Aber nicht im Bahnhof, sondern im Tunnel. Zwei Minuten später stand er da noch.

Der Zugführer meldete sich über Lautsprecher. Sie spürte den Druck ihres Blutes in den Fingerspitzen, als ihr das Adrenalin in die Adern schoss. „Werte Fahrgäste, bitte haben Sie ein wenig Geduld. Es geht gleich weiter..." Es klang, als ob er noch mehr sagen wollte, aber die Lautsprecheranlage gab nur noch ein Krächzen von sich. Sie rutschte auf ihrem Sitz hin und her, während es in der U-Bahn ganz still geworden war. Sogar das Paar neben ihr hatte das Schwäbeln eingestellt. Der Mann nahm das Paket jetzt auf seinen Schoss.

Als die Beleuchtung ausfiel, guckte die Charlottenburger Witwe erschrocken auf. Jetzt brannte nur noch die Notbeleuchtung. Vom anderen Ende des Waggons her hörte sie einen Hund leise winseln. Im fahlen Licht sah sie, wie ein älterer Herr sich über einen Dalmatiner beugte und ihn beruhigend streichelte.

Hannah setzte sich auf. *Was zum Teufel hatte das zu bedeuten?* Sie hatte keine Zeit … In zehn Minuten müsste sie schon an der Warschauer Straße sein. Das war kaum zu schaffen. Nur noch ein Wunder konnte da helfen. Sie hörte wieder eine Stimme. Ein Junge, vielleicht 14 Jahre alt, in Jeans und Sweat-Shirt. Er saß ihr gegenüber und redete beruhigend auf einen anderen ein: „Pass auf, Dario, es geht bestimmt gleich weiter – nicht wie letztes Mal." Dario antwortete nicht. Er stöhnte nur und wiegte sich immer schneller vor und zurück. Hannah schaute weg.

Sie öffnete ihre Handtasche. Kramte herum. Zog einen Block mit leerem kariertem Din-A4-Blatt heraus. Legte den Block auf ihren Schoß und zückte den Stift. „Na, schreiben Sie Ihren Abschiedsbrief?", fragte mit hochgezogenen Brauen die Charlottenburger Witwe, die ihr gegenüber saß. Hannah sah sie an und lächelte: „Nein, hoffentlich nur eine Kurzgeschichte."

Hannah blickte konzentriert auf ihren Block und setzte den Stift an. „Ich wüsste gern, ob es gebrannt hat", sagte die Dame leise. „Vielleicht machen wir das Fenster auf. Die Luft wird schon schlecht." Der Junge, der seinen Freund getröstet hatte, drehte sich auf dem Sitz um und kippte das Fenster auf. Dann rutschte er wieder zu Dario hin, der jetzt bewegungslos in der Ecke hing. *Ein Brand?* Hannah erschrak bis in die Knochen. Sie hatte damals in London das große U-Bahn-Feuer bei *Kings Cross* erlebt, nicht unmittelbar, aber sie war zu dieser Zeit in London gewesen. Die Londoner Zeitungen hatten nicht mit Details gegeizt.

Persönliche Berichte der Überlebenden, der Skandal, dass es zu wenig Notausgänge gab und so viele Menschen erstickten und verbrannten – all das wurde ihr schlagartig wieder bewusst. Sie fasste sich mit der Hand an die Stelle unterhalb ihres Schlüsselbeins, die ihr von der Krankengymnastin empfohlen worden war. Vor ein paar Monaten hatte es begonnen: Eine Weile lang hatte sie an Panikattacken gelitten, war nachts schweißgebadet aufgewacht. Zunächst hatte sie befürchtet, einen Herzinfarkt zu erleiden, aber ihr Herz war kerngesund, das hatte sie checken lassen. Es war schwer gewesen zu akzeptieren, dass ihr die Psyche diesen Streich spielte. Ihr Körper psycho-somatisch reagierte. Mehr, wenn sie Stress hatte und weniger, wenn es ihr gut ging. Erst die Krankengymnastin hatte ihr zeigen können, wie sie die Beklemmungen nachts lindern konnte: Den Druckpunkt finden, bewusst durchatmen, sich eine Wiese mit plätscherndem Bach vorstellen. Oder sonst ein Bild hervorrufen, das beruhigte. *Was beruhigt mich denn noch?* fragte sie sich. *Eine Herde grasender Pferde? Ein Spaziergang durch den Wald? Am Meer entlang gehen, die heranrollenden Wellen hören?*

Sie verstärkte den Druck auf den ‚pressure point'. Das Einzige, woran sie denken konnte, waren Tunnel, aus denen Flammen schlugen. Sie hatte keine Panik, sie hatte Angst. Panik war anders … Rasch konzentrierte sie sich auf ihre Umgebung. Alles besser, als jetzt in den eigenen Gedanken gefangen zu sein.

Der Schwabe mit dem Paket auf dem Schoß sagte mit einem Lächeln zu seiner Partnerin, die stumm neben ihm saß: „Verglichen mit den Kumpels in Chile geht es uns nicht schlecht. Wenn es ein paar hundert Meter unter der Erde wäre und wir ungeschützt in einer Röhre steckten, das wäre dramatisch!" Er grinste breit und drückte leicht den Arm seiner Freundin.

Die Frau neben ihm, der sein Kommentar galt, lächelte. Im fahlen Zuglicht der mittlerweile nur noch flackernden Notbeleuchtung erschien sie blass und wenig überzeugt.

Hannah drückte ihren Körper stärker in die Ecke, in der sie saß. „Werte Fahrgäste …", erscholl es krächzend aus der Lautsprecheranlage. „Bitte haben Sie noch einen Moment Geduld. Es gibt einen Stromausfall. Die Kollegen arbeiten daran. Bitte noch etwas Geduld!"

Eine Rauchschwade zog durch das geöffnete Fenster. Dario sah aus, als müsse er sich gleich übergeben. Es roch brenzlig. Dario erstarrte. Auch sein Freund war jetzt still. *Ich sterbe. Wir werden alle in diesem verdammten U-Bahn-Wagen verrecken. Wir kommen hier nicht mehr raus. Es ist nicht nur ein Stromausfall.* Hannah schossen die Gedanken wie Pfeile durch den Kopf. Sie hatte Mühe, gleichmäßig zu atmen. Ihr Atem ging stoßweise und schnell. Als sie ihre Hand vom Druckpunkt nahm, was eh nichts brachte, passierte es: Einzeln purzelten die Perlen ihrer Kette auf den U-Bahn-Boden, purzelten und verloren sich.

Sie kann reißen. Meine Mutter hat mich immer gewarnt. Wenn der Faden sich löst, fallen die aufgereihten Brüder und Schwestern, die über lange Zeit vor aller Augen vorborgen einzeln auf dem Meeresgrund heranwuchsen, herunter. Es hat sich ausgepurzelt, das Symbol der Bürgerlichkeit ist dahin. Hannah zuckte zusammen, als die kostbaren Rundungen auf den harten Stahlboden fielen. *Ob ich alle Einzelteile wieder einsammeln kann? Vielleicht hilft ein Mitreisender, sie aufzuheben. Will ich das? Kann ich ihm trauen, oder wird er sich heimlich eine in die Hosentasche schieben? Oft wurde ihr matter Glanz eigens gezüchtet und als Erbstück von der Mutter zur Tochter gereicht. Wie ärgerlich, wäre sie unvollständig! Warum geht mir so ein Blödsinn durch den Kopf?*

Sie merkte auf. Vergaß die Kette. „Verehrte Fahrgäste", dröhnte es krächzend aus dem Lautsprecher. „Es sind einige Personen auf dem Gleis. Deshalb dauert es noch länger, bis der Strom wieder angeschaltet werden kann. Bleiben Sie bitte ruhig sitzen, es geht umgehend weiter!" Die Stimme klang jetzt nicht mehr freundlich, sondern genervt. Unter Spannung, interpretierte Hannah: *Kein Wunder, wenn es um Leben und Tod ging ...*

Um Leben und Tod. Vielleicht war es an der Zeit, sich die letzten Gedanken zu machen? Wie war das noch, sollte das Leben nicht wie ein Film vor ihr ablaufen? Warum blieb das aus? Dafür war sie nicht unmittelbar bedroht genug, rationalisierte sie. Sie konnte nur an all die Dinge denken, die sie immer hatte erleben wollen, von denen sie sich vorgestellt hatte, dass sie ihr irgendwann einfach passieren würden, *Kinder, ...* „Und in neun Monaten gibt es dann einen Babyboom, wegen der Exzesse in der U-Bahn. Nur weil der Zug nicht weiterfahren konnte", witzelte der Schwabe, der von ihnen allen anscheinend die Tragödie nicht sah oder sehen wollte. Er amüsierte sich köstlich über seinen Witz, obwohl keiner sonst lachte; nur die Charlottenburger Witwe verzog die Lippen. „Wie kann er darüber nur Witze machen!" empörte sich Hannah und drückte sich noch fester in ihren Sitz.

„Exzesse ... – Exzesse hatte sie wahrhaftig nicht genug gehabt, wenn sie jetzt ihr Leben gleich abschließen sollte. Viel zu wenig Sex und Erotik, jawohl! Sie hatte zu spät damit angefangen und musste jetzt zu früh aufhören, wenn sie gleich starb. Immer nur die Arbeit, der Job! Vielleicht war das mit den Exzessen in der U-Bahn doch keine so schlechte Idee? Ein Adrenalin getränkter Fick inmitten einer U-Bahn in einem Tunnel, umringt von Menschen; die glotzten oder es auch trieben? Sie bemühte sich unauffällig nach rechts und nach links zu schauen. Kam hier einer in Frage? Waren doch alle schrecklich!" Dachte es und blickte in die andere Waggon-Sektion. Da waren schöne Schuhe. Ihr Blick folgte den Schuhen nach oben. Weiter hoch. Enge Jeans. Jacke drüber. Weiter hoch. Blaues Hemd, unauffällig. Weiter hoch. Braune Augen, die sie amüsiert musterten. Ihre Blicke trafen sich und sie errötete. Kannte sie ihn von irgendwoher? Er kam ihr so vertraut vor. Als hätte sie ihn schon einmal auf einem Foto gesehen? Sie drehte den Kopf und versuchte, nicht mit der Wimper zu zucken und starr vor sich hinzusehen.

„Sakrament, vielleicht hatte er aus demselben Grund herumgeschaut?"
Es war so banal. Banal selbst in den letzten Augenblicken?

Ein Mann links von dem Pärchen sprach leise in sein Handy. „Nein, keine Sorge, wir kommen hier schon heil raus. Das ist kein Abschiedsanruf. Außerdem, ich hab etwas zu essen dabei. Einen Apfel und einen Joghurt!"
„Den werden sie mal schön mit uns teilen", meinte die Charlottenburger Witwe und nickte bestätigend mit ihrem Kopf. Hannah fiel auf, dass schwarz gefärbte Haare an älteren Frauen wirklich fies aussahen. Sie machten jede Linie unnötig hart. *Wie kann ich nur so etwas denken. Wo sind meine wertvollen Gedanken, die ich mir zum Abschied an die Welt schenke? Wo schon keiner hier ist?* Sie lehnte sich mit dem Rücken fest an die Bank. Ja, das war das Drama ihres Lebens. Familie weit weg, Freunde wechselnd. Mit keinem hatte sie es länger ausgehalten. Alle hatten sie nach einer Weile genervt. Wenn der Punkt gekommen war, an dem ihr eine Berührung wie eine Umklammerung vorkam, dann wusste sie, dass es vorbei war. So hatte sie es bislang zumindest gehalten. Mittel- und Ringfinger setzte sie jetzt wieder auf den ‚pressure point'. *Himmel, heute waren die Herzstiche aber heftig.* Sie bohrte die Nägel in die Haut, damit der eine Schmerz vom anderen ablenkte. Er ließ nicht nach.

Der Schmerz war so stark, dass ihr einen Augenblick schwarz vor Augen wurde. Sie japste. Neben ihr spürte sie eine Bewegung. Der Mann mit den blauen Augen und den schönen Schuhen hatte sich zwischen sie und das schwäbische Paar gequetscht. Die guckten ein wenig unwillig, aber machten Platz, indem sie nach links rutschten. „Geht es Ihnen gut?" fragte er Hannah. Sie konnte es nicht glauben, aber er hatte tatsächlich ihre Hand gefasst und fühlte ihren Puls. „Ich habe so viel falsch gemacht!", brach es aus ihr heraus. „Und jetzt ist alles zu spät!" Sie schluchzte fast schon. „Wieso zu spät?", fragte er. Er beugte sich hinunter und hob die Perlen ihrer Kette vom Fußboden auf. „Werte Fahrgäste …", erscholl es aus dem Lautsprecher. Das Licht sprang an. Grelle Helligkeit. Der Zug erbebte. Dann ruckelte er an. „Wir danken Ihnen für Ihre Geduld."

Hannah starrte in den Tunnel. Als ob sie durch ein lang geschnittenes Grab fuhren. Erde und Gemäuer an den Seiten. Es wurde heller. Noch heller. Der Zug fuhr in den Bahnhof Bismarckstraße ein.

Als Hannah auf wackeligen Beinen die letzten Stufen der Treppe hochging, saugte sie bewusst die vergleichsweise frische Luft ein. Es roch nach Regen. Abgasen. Schweiß. Stumme und plappernde Menschen gingen gemeinsam eine Treppe hoch. Der Freund von Dario war plötzlich neben Hannah.

„Siehst Du, es war nicht wie das letzte Mal", sagte er. Er frohlockte. „Wir sind draußen!"

Hannah sah, dass die Charlottenburger Witwe auch die letzten Stufen erklomm. „Na dann", sagte sie mit freundlichem Ton und anzüglichem Blick und nickte Hannah bedeutungsvoll zu. Sie sah von Hannah zur Seite, wo der junge Mann mit den blauen Augen und schönen Schuhen stand. Hände in den Hosentaschen. Er lächelte der Schwarzhaarigen zu und sagte: „Auf Wiedersehen." Hannah drehte sich ihm jetzt zu. Er schien auf sie gewartet zu haben. Hannah schaute sich um. Ganz genau musterte sie ihre Umgebung. Den Dreck, die eilenden Menschen, den Dalmatiner, der sein Herrchen nach draußen zog und am ersten Baum sofort das Bein hob. Ja, Bäume gab es hier. Nicht viele, aber in einer Reihe stehend. Und der Himmel? Der Himmel war blau. Weiße Wölkchen, die Sonne kam durch. Die Luft? Die Luft roch nach Regen, und ringsum war es nass. Sie schaute den jungen Mann an, der immer noch nichts sagte. Er schien alle Zeit der Welt zu haben.

Sie griff nach ihrem Handy und wählte eine Kurzwahlnummer. Es dauerte einen Moment. Sie meldete sich: „Hier ist Hannah." Eine aufgeregte Stimme erscholl am anderen Ende, sich fast überschlagend, so schnell redete die Person. „Nein", sagte Hannah fest. Und noch einmal „Nein!" Sie nahm Anlauf, holte tief

Luft und sagte: „Nein. Ich komme überhaupt nicht mehr." Dann ließ sie das Handy mit einem Geräusch zusammenklappen. Sie atmete tief durch. Lächelnd sah sie den jungen Mann an: „Wir können gehen." Er bot ihr seinen Arm. Sie gingen davon.

So hatte es begonnen … Verträumt stand Hannah noch einmal auf und zog die dunkelroten Samtvorhänge ihres Schlafzimmers zu. Robin schloss im Hinterhof gerade sein Fahrrad los. Nanu, wo wollte er denn noch einmal hin? Vielleicht besucht er noch einen Freund, dachte Hannah und legte den Brief an Jan in die Schreibtischschublade. Mit einem Lächeln schlief sie ein.

****

112 Notruf

„Bitte kommen Sie schnell – Sie müssen sich beeilen – mein Gott, so viel Blut – mein Mann, ich habe meinen Mann gefunden – Ulmenallee 13 – er liegt ohnmächtig da, nein, er atmet noch, ja ich öffne Ihnen die Tür – Blut am Hinterkopf, sonst hat er keine Verletzungen – er liegt auf dem Rücken … Bitte schnell …"

****

EINE INTRIGE?

Hannah hörte Robin in der Küche mit Geschirr klappern. Ob er wollte, dass sie wach wurde? Sie hatte keine Lust aufzustehen, aber sie brauchte dringend einen Kaffee. „Guten Morgen. Ach, gehst Du jetzt schon zur Oper? Hast du Wochenenddienst?", fragte sie Robin, in der Hoffnung, dass ihre Stimme unverfänglich und locker klang. Robin antwortete nicht. Er fuhrwerkte herum, machte sich einen Toast und aß währenddessen eine Schale Müsli. Schaute in den *Tagesspiegel*, den sie abonniert hatten. Er hatte morgens Zeit, viel Zeit, denn Robin arbeitete an der Deutschen Oper und konnte das Frühstück in Ruhe genießen, weil er lange Abenddienste hatte und das Privileg genoss, erst um 11 Uhr mit der Arbeit zu beginnen.

Nachdem Hannah ihm einen Moment lang zugesehen hatte, grummelte sie: „Okay, ich entschuldige mich. Du hast vermutlich Recht, wenn Du sagst, ich laufe davon. Aber ich laufe nicht vor der Kritik davon, sondern weil ich es einfach nicht mehr aushalte." Sie stellte die Kaffeetasse ab. Er schenkte ihr ein. „Du hältst WAS nicht mehr aus?", fragte er. Hannah goss ein wenig Milch in die Tasse und rührte sie langsam in den Kaffee. „Es ist alles so komisch geworden, seit wir fusioniert haben. Ich habe immer gern in der Öffentlichkeitsarbeit und Eventplanung gearbeitet, aber jetzt … Das Betriebsfest war noch ein Auftrag der alten Geschäftsleitung, das war den Mitarbeitern zugesagt, und das wurde durchgezogen." Sie legte den Kaffeelöffel auf die Untertasse.

„In der Hektik der Vorbereitung ist es mir nicht so aufgefallen, aber jetzt wird es mir bewusst: Erika und ich, wir haben keine Folgeaufträge. Der neue Geschäftsführer, ein Iraner, der macht doch nichts anderes, als sich in interne Belange einzumischen. Bei dem geht nichts voran, und auf Kommunikation nach außen würde er am liebsten völlig verzichten. Ich hab ihn nur mit Mühe zum Bürgermeister schleppen können. Das war sein Vorstellungsbesuch in der Stadt. Und sonst macht der gar nichts, überhaupt nichts, dieser …", sie schlug mit der Faust auf den Tisch und musste den Rest runterwürgen.

Robin nahm ihre Hand: „Du hattest also eh schon Sorge um Deinen Job? Weil sie sich hier nicht für Integration in das Umfeld interessieren, gar nichts machen wollen, um Wurzeln zu schlagen und Du bzw. Deine Funktion damit überflüssig wird?" Hannah sah ihn verblüfft an. „Ja, genauso. Bei Übernahmen geht ja immer die Angst um, besonders, wo es jetzt das *Movies Entertainment*

Hauptquartier in Köln gibt, in dem 15 PR-Leute aktiv sind. Außerdem sind sie schon einige erfahrene Mitarbeiter, die Jahrzehnte lang für sie gearbeitet haben, losgeworden. In Köln haben sie angefangen. Man hat schon munkeln hören, dass der Abstieg damit beginnt, dass man als ehemaliger Abteilungsleiter das fensterlose Zimmer unter der Treppe bekommt. Die nächste Stufe ist dann, dass ein Termin beim Geschäftsführer angeboten wird, um die Jahresplanung vorzustellen – aber leider kommt dem Geschäftsführer dann kurzfristig was dazwischen. Wenn das dreimal so gelaufen ist, dann ist man mürbe und fühlt sich nutzlos. Insbesondere, wenn man vorher für die Sache gebrannt hat. Ich kenne Menschen, die Tag und Nacht gearbeitet, ihre Freizeit geopfert und mitunter auch ihre Gesundheit aufs Spiel gesetzt haben. Die sind dann ausgebrannt, wenn sie so behandelt werden. Komischerweise geht aber keiner an die Öffentlichkeit. Vermutlich schreien sie sich alle nur bei ihrem Outplacement-Berater den Frust vom Leib. Der bekommt viel Geld, um zu beruhigen und irgendwohin weiterzuvermitteln. Wer mit dem System nicht zurechtkommt, wird dann auf Kosten der Krankenkasse zum Psychotherapeuten überwiesen. Und die Kasse darf dann dafür aufkommen, dass die Unternehmen ihre Mitarbeiter in den Wahnsinn treiben. Oder wenigstens in den Burnout. Nur weil sie die Kosten minimieren wollen, um noch höhere Gewinne zu erzielen und ihre Aktionäre mit jährlichen Gewinnausschüttungen und steigenden Kursen zu beglücken. So und so beschissen ist das!" Robin nickte: „Vermutlich denken sie, dass sie alles zentral machen können und euch beide einsparen. Ich kenn das aus Kulturinstitutionen, war lange bei strategischen Sitzungen in den drei Opernhäusern dabei, bis ich es nicht mehr ertragen konnte, wie auf Kosten der Mitarbeiter eingespart und manipuliert wurde. Hat Erika denn ähnliche Reaktionen wie du?" Hannah nickte, räumte aber ein, dass es bei Erika ein wenig besser laufe. „Der neue Personalvorstand, Berenler, kann sie gut ab. Sie ist erst Mitte zwanzig. Als ich sie vor zwei Jahren eingestellt habe, war sie gerade erst mit der Uni fertig. Sie ist eifrig dabei, erledigt jeden Auftrag ohne Widerspruch – und mag er noch so blöd sein. Ich hab das dumme Gefühl, dass sie genau der Typ ist, den sie wollen." Robin zog die Augenbrauen hoch und meinte: „Na, das haben sie jetzt geschafft, Hannah. Wenn du dich gleich selbst entlässt, dann hilfst du auch noch dabei mit, die Rationalisierungspläne durchzuziehen. Du räumst das Feld sogar freiwillig …" Hannah schwieg.

Sie stand erst auf, als die Tür ging und Robin die Wohnung verlassen hatte.

****

Polizeistation

„Was machen wir mit dem Fall Berenler?"
„Können wir von unserer Liste der Untersuchungen streichen, scheint wirklich ein Unfall gewesen zu sein. Der Arzt sagt, bei dem Medikamentencocktail, den Berenler jeden Tag zu sich nahm, war es nur eine Frage der Zeit, bis etwas passierte. Anscheinend haben die Medikamente einen Schwindelanfall ausgelöst, oder er ist auf den Fliesen ausgerutscht mit dem Kopf gegen eine Kommode geschlagen und dann auf den harten Fußboden geknallt. „Wann hat die Frau ihn denn gefunden?"
„Seine Frau kam etwa eine Stunde später dazu. Da hat der Berenler einfach Pech gehabt, wäre seine Frau eine Stunde früher gekommen", meinte der Arzt, „dann läge er jetzt vermutlich nicht im Koma."
„Gut, wir haben keine Hinweise auf ein Fremdverschulden. Lassen wir den Fall einfach ruhen. Wir haben ja genug zu tun. Zumal am Wochenende, wenn kaum einer im Dienst ist …"

****

FREUNDSCHAFT, LIEBE, SEX

Hannah spazierte mit ihrer Freundin Natalja die Goltzstraße hinunter zum Winterfeldplatz. Natalja hatte sich bei Hannah eingehängt. Sie erzählte, wie sie ihrem Oliver begegnet war und gestand ihr, dass Oliver das Ergebnis einer Partnerschaftsanzeige sei. Oliver hatte auf Nataljas Anzeige im Tipp geantwortet. Sie habe geschrieben: „Suche Mann für Sex! Zweimal die Woche".
„Wie, Du wolltest nur Sex? So ganz ohne …"
„Liebe, du meinst Liebe, ja?"
„Ja, sicher, ich meine …"
„Meine Güte Hannah, überleg doch …
Ich hatte gerade eine katastrophale Ehe überlebt, da wollte ich von fester Bindung erst mal nichts mehr wissen, von Liebe und all diesem Gedöns. Ich meine, du weißt doch noch, wie ich gelitten habe. Bis ich erst mal erkannt hatte, dass meine Depressionen nichts mit den Kindern und dem Beruf zu tun hatten, sondern dass allein Gerry, mein werter Gatte, dafür verantwortlich war, dieser – Hobbit!"
„Ja, manchmal schien er mir auch wie aus dem ‚Herr der Ringe' entsprungen. Weißt Du noch, wie wir einen Obstteller auf dem Tisch hatten und er fragte, was die grüne Frucht da sei? Er wusste nicht einmal, was eine Kiwi ist!"

„Ja, so ein Waldschrat! Um ihn so schnell wie möglich loszuwerden, habe ich sogar einen Job für ihn gesucht. Ja, nun guck nicht so, das war die beste Lösung. Ich hab ihm zum Abschied noch eine Partnerschaftsanzeige aufgesetzt."

„Natalja, das ist nicht wahr? Du hast für ihn inseriert?"

„Na, klar, wenn schon denn schon, nur so kann man die Kerle loswerden, für immer. Neue Frau, neuer Job. Weißt du, ich wäre sonst kaputtgegangen, wenn das so weitergegangen wäre."

„Und? Hat sich eine gemeldet?"

„Ja, so ein Typ aus ‚Great Britain' hat Charme. In einer Stadt wie Berlin gibt es viele willige Frauen. Das hat kaum zwei Wochen gedauert, da hatte er schon wieder eine Neue."

„Und? War das dann nicht doch etwas komisch für dich? Ich meine, ihr ward ja nun doch ein Dutzend Jahre zusammen, und dann plötzlich so ohne Übergang?"

„Hannah, ich sag doch gerade, ich wäre im Irrenhaus gelandet, wenn das noch einen Monat länger gegangen wäre. Nein, ich war froh, was heißt froh, ich hab einen Luftsprung gemacht, eine Flasche Champagner entkorkt, das habe ich gemacht, und dabei gleich eine Anzeige für mich aufgesetzt."

„Du hast Dir einen Mann ... nicht gebacken, aber in einer Anzeige so beschrieben, wie Du ihn wolltest? 34 Jahre, behaarte Brust ...?"

„Nein, so episch ist es bei mir nicht geworden. Ich hab halt einfach inseriert …"

„Für Sex?"

„Ja genau, für, ich kann es dir gerne buchstabieren, S E X. Ich weiß gar nicht, warum du plötzlich so gouvernantenhaft tust, du hast doch auch …"

„Ja, ist gut. Aber wer kümmert sich in Zeiten äh … deiner Abwesenheit denn um die Kinder?"

„Das macht Gerry. Aber nur dienstags und samstags. Öfter will ich das auch gar nicht …"

„Dann hast du mit Oliver also immer dienstags und samstags …"

„Meinst du gefickt? Ja, liebe Hannah, immer am Dienstag und Samstag habe ich mit Oliver gefickt, oder gebumst, wenn dir das besser gefällt, Frau Rottenmeier."

„Ja, nun lass es."

„Entschuldige! Nein, es war wirklich gut, keine Verpflichtungen, keine Verantwortung, ich hab es genossen."

„Na, und dann? Wieso habt ihr es dann nicht mehr gemacht, ich meine nicht mehr so, also an diesen Tagen?"

Hannah war vor dem *Slumberland*, der Kneipe mit dem Sandboden, stehen geblieben. Karibische Trommelmusik und ein leichter Joint-Geruch drang aus den geöffneten Fenstern. „Lass uns bei *Miss Honeypenny* etwas trinken, ja?" Sie zeigte auf das

Café schräg gegenüber. Die beiden Frauen setzten sich auf die orangefarbenen Stühle und bestellten beide einen Cappuccino. Am späten Vormittag war das Café nur an wenigen Tischen besetzt.

„Nun sag schon, wie seid ihr denn von einer Sexgeschichte in eine Beziehung gerutscht?"
„Ach Hannah, gerutscht ist gut, dass hat schon seine Zeit gedauert, obwohl, irgendwie hast du auch Recht, zumal da ja auch noch …, ich weiß gar nicht, ob ich das erzählen soll."
„Na komm, raus damit."
„Na ja, das war von der ersten Minute an alles wunderbar. Ich war wirklich glücklich, die zwei Tage haben mir gereicht, aber Oliver hat dann ständig eine SMS nach der anderen geschrieben. Und mich hat's dann auch nicht mehr gestört, war ja schon ganz nett, mal wieder so umworben zu werden. Bei diesem walisischen Regenschirm auf zwei Beinen, da bin ich ja nur noch abgetropft, eiskalt abgeperlt. Hach, mich fröstelt's jetzt noch. Jedenfalls ist Oliver dann immer anhänglicher geworden und … und auch neugieriger."
„Wie, neugieriger?"
„Er hat mich beobachtet."
„Bitte?"
„Ja, er hat das natürlich nicht ertragen können, dass ich nur an zwei Tagen Zeit für ihn hatte, und er wollte natürlich wissen, was ich da treibe."

„Na, aber trotzdem, das ist doch kein Grund."
„Nein, nein, ich war ja auch ziemlich sauer. Zumal er mir auf Schritt und Tritt gefolgt ist, sogar wenn ich die Mädchen zur Schule gebracht habe."
„Komm, hör auf."
„Doch! Aber, er hat es mir immerhin gestanden. Dabei kam auch raus, dass er sich nach einer Familie sehnt. Bei seinem Lebenslauf kann ich das auch gut verstehen, aber egal. Jedenfalls haben wir dann mal ein Wochenende alle zusammen verbracht und die Mädchen waren ganz begeistert von ihm. Er ist einfach ein ganz anderer Typ als Gerry, nicht so steif. Na ja, und dann haben wir halt immer öfter was zu viert unternommen."
„Und jetzt wohnt ihr zusammen?"
„Ja, nach einer gemeinsamen Nacht im Zelt auf Usedom, das uns dreimal davon geflogen ist, da haben wir gedacht", Natalja musste lachen, „wer das ohne Beziehungskrise übersteht, der kann es auch in einer Wohnung aushalten."
„Ja, und jetzt? Ihr wohnt doch sicher schon ein halbes Jahr zusammen, oder?" Natalja nickte.
„Läuft es immer noch gut?"
„Oh ja, meine Liebe, ich kann dir sagen, wirklich, so viel Spaß hatte ich, hatten wir lange nicht mehr. Und Oliver verwöhnt uns von morgens bis abends."
„Na, warte mal ab, wie lange das noch so bleibt."
„Nein, ich sag doch, er ist einfach ein ganz anderer Typ. Und ein besserer Vater ist er auch."

„Also, Natalja, ich weiß nicht, das kann man doch nicht vergleichen."

„Doch, ich sag dir auch warum, und das ist jetzt noch nicht mal ein Vorwurf gegen Gerry, Oliver ist einfach nicht so emotional verwickelt. Der kann mit den Kindern ganz anders umgehen."

„Gut, das kann wohl sein. Aber will er denn nicht auch selbst noch Kinder?"

„Für mich ist es himmlisch, jemanden an meiner Seite zu haben, der mitdenkt. Und den Abwasch übernimmt ..."

„Bei uns mache ich den, Robin kocht. Aber das macht er ziemlich gut!" „Wie, Robin kocht? Also hat er nicht nur ein Zimmer bei dir gemietet?" „Nein, wir sind eine richtige WG geworden." Hannah betrachtete ein Paar, das neben ihnen Platz genommen hatte und die Stühle so zusammen ruckelte, dass sie bequem Händchen halten konnten. „Robin ist ein super guter Kumpel. Manchmal wünsche ich mir geradezu, dass ich mich in einen wie ihn verlieben könnte. Alles wäre so einfach ... aber auch so langweilig. Du erinnerst dich an meine chilenische Affäre? Eduardo? Das war ein Typ, meine Güte, da komm ich heute noch ins Schwärmen. Abenteuer pur war das. Aber letztendlich auch nicht zum Aushalten. Diese Machokultur, diese Lebensart, das ging einfach nicht mehr. Der hatte ja, ich weiß gar nicht, wie viele Frauen der zeitgleich hatte, also, da war für mich erst mal Schluss mit Männern. Aber, was ich damit sagen will, Lust auf Abenteuer habe ich trotzdem wieder, nur eben nicht auf Chilenen, aber auch nicht auf Robin pur, sondern, ach, ich hätte gern eine Mischung aus", Hannah lachte, „aus … einem deutschen Mann … mit südländischem Charme, aber deutscher Zuverlässigkeit … und ich glaube, ich habe ihn schon gefunden!" Triumphierend sah Hannah Natalja an. Jetzt war es an Natalja, überrascht die Augenbrauen hochzuziehen. „Wie kommt's, erzähl!"

Nachdem die beiden Frauen sich getrennt hatten, lief Hannah ziellos durch die Straßen Schönebergs. Natalja hatte Hannahs Erzählung aufmerksam verfolgt, war aber ein wenig skeptisch gewesen. Hannah hatte diese Skepsis wahrgenommen, aber es störte sie nicht im Geringsten. Natalja war eben Ingenieurin, konnte man da einen Hang zur Romantik erwarten? Auch ihre Liebesgeschichte war nichts anderes als Ergebnis einer Planung. Nein, so bin ich nicht, dachte Hannah, ich bin eben spontan und nehme Begegnungen wahr, und Menschen, so wie sie sind. Ich weiß mit meinem Schicksal umzugehen. Ich wünsche und schreibe herbei, was passiert, weil ich im Kontakt mit mir bin … Eigentlich bin ich in der Stadt völlig fehl am Platz, ich bin ein Naturmensch, keine Intellektuelle, die … Sie konnte ihren Gedanken nicht zu Ende denken, weil sie beim Abbiegen in die Eisenacher Straße vor dem

Geschäft mit den italienischen Bodenfliesen fast in einen Mann gerannt wäre, der die Auslage betrachtete. Von ihrem schnellen Schritt irritiert, schaute er hoch ... Hannah blieb fast das Herz stehen, als sie in Jans braune Augen blickte. Zögernd streckte Hannah ihre Hand aus und berührte ihn am Ärmel. Ja, er war echt und keine Ausgeburt ihrer Phantasie. „Ich hab dich herbeigewünscht, und da bist du!" frohlockte sie. „Dachte, du würdest anrufen, aber so ist es noch viel besser!" Jan sah sie an, als ob er sie kaum erkenne, aber dann straffte er die Schultern im blauen Trenchcoat und sagte leise:
„Hannah!"
„Bist du erkältet? Du klingst, als ob du heiser wärst!" Sie hängte sich schwungvoll bei ihm ein.
„Wohin gehen wir jetzt? Ach, ich bin so froh, Dich zu sehen! Hab dich schrecklich vermisst, hab dir Briefe geschrieben, aber jetzt muss ich sie nicht mehr abschicken, jetzt kann ich dir zeigen, was drin steht! Zu mir oder zu dir, was meinst du?" Sie drehte sich schwungvoll ihm zu und erschrak, als sie sah, wie ernst er aussah. Sie versuchte trotzdem weiter zu lächeln, nahm seinen Kopf in die Hände, schloss die Augen und suchte seinen Mund. Ganz kurz nur, für den Bruchteil einer Sekunde, zuckte sie zurück, als sie seine kalten Lippen spürte, doch dann beugte sie sich ihm entgegen, als Jan sie fest umarmte und seinen Mund an ihren Hals presste. Sie küssten sich, bis ein junger Typ auf dem Rad,

der den Bürgersteig als Straße missbrauchte, brüllte: „He, habt ihr kein Schlafzimmer?", und sich grinsend an ihrem Erschrecken weidete. Hannah sah sich um. Nach Hause konnte sie nicht. Falls Robin auftauchte ... Sie hatte Jan schon verloren geglaubt. Sie durfte ihn jetzt nicht gleich wieder verlieren. „Komm!", sagte sie drängend und nahm ihn an der Hand. Jan ließ sich ziehen. Schräg gegenüber war die Pension *KOPENHAGEN,* ein Altbau, dessen Fassadenfarbe schon ein wenig verblichen wirkte. Hannah wusste, dass das ein Stundenhotel war. Natalja hatte ihr erzählt, dass sie sich dort am Anfang der Beziehung mit ihrem Oliver getroffen hatte. Hannah blickte hoch. Im zweiten Stock stand das Fenster offen und die weißen Gardinen wehten heraus. Sie zögerte. Für einen Augenblick spürte sie wieder Jans kalte Lippen. Doch dann packte sie ihn am Arm und zog ihn durch die von Backsteinmauern umfasste Eingangstür.

VERÄNDERUNG

Als Hannah von ihrer Ärztin zurückkam, war es schon Mittag. Sie hatte sich von Frau Dr. Christiansen krankschreiben lassen, vorsichtshalber. Es war so viel passiert, das Betriebsfest, die traumatische Szene in der U-Bahn, die erste Begegnung mit Jan, dort, und dann die zweite, intensive … Hannahs Lippen umspielte ein Lächeln. Sie hatte bekommen, was sie wollte, hatte Jan für sich erobert … Obwohl es nicht ganz so gewesen war, wie sie es erträumt hatte. Konnte es sein, dass sie sich einen sanfteren Mann wünschte? Mit dem sie leichter umgehen konnte? Hatte sie nicht die Macho-Masche leid und verfiel ihr nur noch, weil sie nichts anderes kannte? Ihr fiel Robin ein. Mit ihm war alles unkompliziert. Warum aber ging sie ihm dann aus dem Weg? Am Sonntag war ihr das leicht gefallen, weil er Dienst in der Oper hatte, und am Montag war sie einfach früher aus dem Haus gegangen. Doch wie sie das in den nächsten Tagen hinbekommen sollte, war ihr schleierhaft. Sie konnte sich doch nicht ständig auf die Lauer legen, wann Robin … Aber irgendwie war das sowieso alles bescheuert. Sie wusste gar nicht genau, warum sie ihm aus dem Weg ging, warum sie seine Anwesenheit nicht ertragen konnte. Lag

das nur an Jan? Wollte sie Jan sozusagen ohne Begleitmusik auf den Zahn fühlen, rausbekommen, wie er wirklich tickt?
Gestern im Stundenhotel waren ihr danach große Zweifel gekommen, ob Jan tatsächlich nur dieser charmante und hilfsbereite Kerl war, den sie in der U-Bahn kennengelernt hatte. Ob er tatsächlich dieser Traumprinz war, den sie sich in ihren Briefen konstruiert hatte. Denn dort im *KOPENHAGEN*, sie gestand es sich ein – da hatte er sie, sie musste bei dem Gedanken schlucken, fast vergewaltigt.

Er hatte ihr wehgetan, und sie hatte im ersten Moment noch gedacht, es sei wegen der ungezügelten Leidenschaft gewesen, sozusagen in der Hitze des Gefechts. Doch als sie ihn gebeten hatte, nicht mehr so fest zuzupacken, da hatten sich seine Hände noch fester um ihren Hals geschlossen, und sie hatte schon mit den Beinen gestrampelt und kaum noch Luft bekommen. Erst als sie ihm mit zehn scharfen Nägeln durchs Gesicht gekratzt hatte, da hatte er von ihr losgelassen und plötzlich ausgesehen, als sei er aus einem bösen Traum erwacht. Er hatte sich zwar entschuldigt und sie in den Arm genommen, doch für sie war in dem Moment etwas entzweigegangen. Sie hatten wohl Stunden einfach so dagesessen und ihr war es so vorgekommen, als hätte er sich bei ihr festgehalten …

Sie brauchte jetzt Zeit, sehr viel Zeit, und Ruhe, um keinen Fehler zu machen, den sie ihr Leben lang bereuen, oder, sie musste wieder schlucken, nicht überleben würde.

Nein, Robin konnte sie jetzt gar nicht gebrauchen, zumal sie schon wusste, was er ihr raten würde. Vielleicht war es jetzt einfach noch nicht an der Zeit für einen Robin.
In diesem Moment kam ihr der Gedanke, sie wusste auch nicht warum, dass sie die mündliche Kündigung vielleicht doch zurücknehmen sollte.

Nun hatte sie sich krankschreiben lassen. Das hatte sie sich nie zuvor geleistet. Offizieller Grund für die Krankschreibung war Erschöpfung. Die musste sie nicht mimen, sie war erschöpft und ausgelaugt. „Geradezu blockiert", dachte sie, als sie sich mit einer Tasse Grünen Tee an ihren Schreibtisch setzte. Sie war mehr als erschöpft, eigentlich nur noch ein Klumpen Fleisch, der sich mehr schlecht als recht auf zwei Beinen hielt. Hatte sie auch schon Burnout-Symptome wie die Kollegen aus Frankfurt? Ihrer Müdigkeit wollte sie nicht nachgeben. Sie musste den Verlockungen ihrer Matratze widerstehen, um sich an den Schreibtisch zu setzen, weil sie trotz allem eine innere Unruhe antrieb. Sie drückte den Startknopf ihres Computers. Mit einem Surren fuhr er hoch. Nervös ging sie mit dem Mauszeiger über die vielen angegebenen Seiten. Robins These ließ ihr keine Ruhe. Sie gab bei *Google* ‚Mobbing' ein. 3.430.000 Treffer. Frustriert ersetzte sie den Begriff durch ‚Intrige'. „Nur 1.510.000 Treffer … na, geht doch", dachte sie und war nach mehreren Klicks auf einer Seite mit dem Thema ‚Intrigen-Coaching' gelandet. „Sie haben eine Intrige hinter sich oder wissen nicht, ob Sie gerade mitten in einer Intrige stecken?" Hannah hielt kurz inne, dann scrollte sie hoch und schaute sich die ‚Kennzeichen einer Intrige' an: *Hintergründigkeit, ein Plan, ein Motiv, konsequente Durchführung und mindestens drei AkteurInnen: Opfer, Täter, Verbündete.* Sie ließ es einen Moment auf sich wirken. Dann schaute sie bei *Amazon* nach dem Buch. „Intrige: Machtspiele – wie sie funktionieren – wie man sie durchschaut – was man dagegen tun kann". Sie überflog die erste Rezension.

Es ging um die Merkmale von Intrigen, zum Beispiel Informationen und wie mit ihnen umgegangen wurde … Hannah runzelte die Stirn. Das alles kam ihr verdächtig vertraut vor. Hatte sie ihre Kollegin Erika nicht mehrmals dabei erwischt, wie sie ihr Informationen vorenthalten hatte? Wie sie getan hatte, als wüsste sie nicht, dass *Movies Entertainment* Stellen in Köln kürzte. In der Teamsitzung stellte sich heraus, dass sie Informationen aus erster Hand besaß. Schon damals hatte Hannah sich gewundert, aber als sie

Erika darauf angesprochen hatte, kam wenig heraus. Erika hatte sogar die Beleidigte gemimt. Niemals würde sie Hannah eine Information vorenthalten, sie säßen doch in einem Boot ... Das Intrigen-Buch klang jedenfalls spannend. Hannah griff zum Telefon und bestellte es bei ihrer Buchhandlung um die Ecke, *Chatwin* in der Goltzstraße. Gleich morgen sollte es da sein. Wo hatte die Autorin, Regina Michalik, ihren Studienabschluss gemacht? In Hannahs Unterbewusstsein begann es zu summen. Da hatte etwas Wichtiges in der Kurzbiografie gestanden ... Was war das nur gewesen? Hannah überflog noch einmal den Text im Internet. Da: Der letzte Studienabschluss von Regina Michalik war ein Masterstudiengang an der *Alice-Salomon-Hochschule* in Berlin ... Hannah googelte die Beschreibung des Studiengangs *Biografisches und Kreatives Schreiben* und begann zu lesen ...

MASTER BIOGRAFISCHES UND KREATIVES SCHREIBEN – WILLKOMMEN! –

Ziel und Inhalt *Der fünfsemestrige postgraduale Teilzeit-Master-Studiengang richtet sich an Absolventen/innen mit einem ersten akademischen Studienabschluss im Bereich der Human- und Gesundheitswissenschaften. Er befähigt, Schreibförderung in Arbeitsfeldern der Sozialen Arbeit,* *der präventiven und nachsorgenden Gesundheitsarbeit sowie in Gebieten wie berufliches Coaching, Supervision, Kulturarbeit, Erwachsenenbildung und Psychotherapie durchzuführen. Die ASH ist die erste akademische Einrichtung im deutschsprachigen Raum, die einen Master-Studiengang in diesem Bereich anbietet. Unser Studiengang existiert bereits seit fünf Jahren und wurde 2010 erfolgreich reakkreditiert. Studierende erlernen vielfältige schreibpädagogische und kreative Methoden und deren gezielten Einsatz. Dabei ist uns eine Auseinandersetzung mit der eigenen Biografie und dem eigenen Schreibstil ebenso wichtig wie das Erlernen pädagogisch-didaktischer Fähigkeiten zur Schreibgruppenanleitung und Einzelbetreuung. Im Bereich der Schreibpädagogik können Studierende ein eigenes Forschungsinteresse entwickeln und in der Master-Arbeit darstellen.*

Hannahs Herz schlug schnell, als sie zu Ende gelesen hatte. Eine Saite in ihr war ins Schwingen gekommen und bebte nach. Da hatte sie etwas angezupft. Die Auseinandersetzung mit der eigenen Biografie … Das klang genau richtig für sie. So wie sie es verstand, war mit biografischem Schreiben das „lebendige" Schreiben gemeint, also so, wie man gerade schreibt, und was man dabei erlebt, erfährt, reflektiert und dann ins Schreiben einfließen lässt. Der dynamische Schreibprozess im Hier und Jetzt;

der sich natürlich auch mit einer Episode aus der Biografie beschäftigen kann, aber es ging nicht um die Episode, sondern um den Prozess. Das war für sie, Hannah, biografisches Schreiben ... So würde sie es angehen.

Was für ein Zufall, dass sie diesen Studiengang gefunden hatte! Gab es überhaupt Zufälle? Auch beruflich wäre es die perfekte Ergänzung zu ihrem bisherigen Tätigkeitsfeld, und es wäre gleichzeitig etwas total anderes. Kreativ schreiben ... das wollte sie schon immer, aber nie hatte sie sich getraut. Immer war da ein innerer Zensor gewesen. Immer ließ sie etwas zögern. Die Erinnerung an ihren Deutschlehrer, Herrn Übel, der ihr einmal gesagt hatte, sie könne nicht schreiben wie Thomas Mann, und sie möge es in Zukunft bitte auch nicht mehr versuchen. Das hatte sie ihr Leben lang eingeschüchtert. Aber jetzt war der richtige Moment, dass sie daran etwas änderte. Hannah klickte auf ‚Bewerbung'. Was waren die Zugangsvoraussetzungen für einen Studiengang, in dem man kreativ schreiben lernte?

Hannah klickte und las die Zulassungskriterien. Zusätzlich zu den üblichen Unterlagen wie Lebenslauf und Zeugniskopien musste eine Kreativmappe eingereicht werden. Konnte sie dort ihre PR-Texte verwenden, die sie für *Movies Entertainment* geschrieben hatte?

„Mit der Kreativmappe geben die Bewerber/innen Einblicke in Ihre Schreibprozesse. Relevante Nachweise dafür sind, wie es in der Zulassungsordnung heißt: "Schriftliche Aufzeichnungen, Darstellungen, Texte". Das können sein:
- *persönliche Texte (Tagebuchaufzeichnungen, Geschichten, Gedichte, Skizzen),*
- *Schreibgruppentexte,*
- *Publikationen,*
- *pädagogische Texte,*
- *wissenschaftliche Texte, etc.*

Es müssen keine literarischen Beiträge sein, es geht darum, Schreiberfahrungen zu belegen. Über den Umfang gibt es keine festgeschriebene Regel, ca. 10 bis 15 Seiten. Die Bewerber/innen entscheiden, was aussagekräftig für die Kreativmappe ist. Die Kreativmappe steht in engem Kontext zum Motivationsschreiben."

Hannah überlegte. Falls sie sich wirklich bewerben würde, stellte das Motivationsschreiben das geringste Problem dar. Motivation hatte sie, und das konnte sie belegen.

Sie würde in ihrer Bewerbung deutlich machen, dass sie sich vom Studiengang eine Erweiterung um kreative Elemente erhoffe, um sich in ihrem Beruf als Expertin für *Public Relations* weiter zu qualifizieren. Mit ihren Kenntnissen aus der Öffentlichkeitsarbeit könnte sie sich z.B. auch darum kümmern, dass dieser neue Kreativitätsberuf *M.A. Biografisches und Kreatives Schreiben* in Deutschland stärker bekannt würde. Wobei ihr der *Master Biografisches und Kreatives Schreiben* nichts sagte. Was machte man damit nach erfolgreichem Abschluss? War man dann Schreibgruppenleiterin? Oder Schreibdidaktiker? Oder wurde man vielleicht sogar zur Schriftstellerin ausgebildet? Das konnte man der Ausschreibung nicht genau entnehmen. Spannend klang es trotzdem, gerade weil da so viel Raum war, den man mit Leben füllen konnte. Was sie allerdings die Stirn runzeln ließ, das waren die Anforderungen an die Kreativmappe. Wenn sie jetzt womöglich Geschichten schreiben sollte … Obwohl, bei ihrer Arbeit hatte sie auch immer wieder Geschichten erzählt. ‚Storytelling' war eine ihrer Hauptaufgaben. Geschichten brauchte man, um Menschen neugierig zu machen. Produkte wie TV-Serien und Spielfilme verkauften sich besser, wenn potenzielle Zuschauer neugierig gemacht, ihre Gefühle angesprochen wurden. Wenn sie sich identifizierten mit den Helden, ihre Liebe spürten oder ihre Wut. Sie hatte viele Stories über Filmschauspieler und die Hintergründe bestimmter *Soap Operas* geschrieben, um das Publikum aufmerksam zu machen und damit die TV-Quote stimmte.

Natürlich könnte sie sich mit diesen Texten bewerben. Aber irgendwie kam ihr das zu billig vor.

Sie wollte doch raus aus dem ganzen Zirkus, ihr Leben ändern? Es widerte sie doch an, die Trommel zu schlagen für schlechte Serien mit dem immer gleichen Ablauf? Sie konnte sich doch nicht mit den alten Methoden die Fahrkarte ins neue Leben kaufen? Das, was im Internetauftritt der Hochschule angesprochen wurde, klang seriöser, näher am wirklichen Leben. Tagebuch-Einträge ... Wie lange war das her, dass sie die letzten persönlichen Aufzeichnungen gemacht hatte? Vielleicht im Alter zwischen 12 und 14, in den ersten Phasen der Pubertät, als sie verschossen war in Christian aus ihrer Klasse, da hatte sie Tagebuch geführt ... Aber diese Einträge würde sie nun gewiss nicht in der Kreativmappe einreichen. Was war denn mit „et cetera" gemeint? Sofort fiel ihr ‚journalistisches Schreiben' ein. Das fehlte hier. Zudem eine Übersicht, welche Berufe man mit diesem Studienabschluss *Biografisches und Kreatives Schreiben* ergreifen konnte. Plötzlich hatte sie eine geniale Idee: Wie wäre es denn, wenn sie die Dozenten und Absolventen des Studiengangs interviewen, sie nach ihren Erfahrungen, Vorstellungen und Zielen befragen würde. Ob sie sich damit bewerben könnte? Einer künftigen beruflichen Tätigkeit käme das zumindest sehr entgegen, und mit Schreiben und Kreativität hat es auch zu tun. Darüber hinaus könnte sie diese Interviews vielleicht auch bei Zeitschriften unterbringen, um ihr finanzielles Budget aufzubessern. Wie war das zu bewältigen? Und, wie sollte sie das anstellen? Sie musste sich ganz spezifische Fragen überlegen, sie musste Kontakte knüpfen, zu ehemaligen Studenten, die gar nicht mehr an der Hochschule waren, Termine mit den Dozenten machen, und sie musste sich natürlich in den Grundzügen mit der Materie vertraut machen, und so weiter und so weiter. Hannah stöhnte auf. Wann war noch mal der Bewerbungsschluss? Himmel, das war ja schon bald … Hannah sackte einen Moment ganz tief in sich zusammen. Doch dann fiel ihr ein, dass sie theoretisch ja schon eine Absolventin gefunden hatte, diese könnte ihr weitere potenzielle Interviewpartner vermitteln, und dann würde die Sache schon ins Rollen kommen. Hannah saß plötzlich wieder kerzengrade im Stuhl. Ob wohl Regina Michalik, Intrigen-Drehbuch-Coach, bereit war zu einem Gespräch?

INTRIGEN-COACHING

Hannah stand in der Lilienthalstraße vor dem Haus Nr. 13 und drückte auf den Klingelknopf mit der Aufschrift *‚Interchange – Coaching, Seminare und Mediation'*. Als sich die Tür öffnete, erkannte sie Frau Michalik gleich wieder. Sie hatte ein Bild von ihr im Internet und auf dem Buchcover gesehen. Das „Intrigenbuch" hatte sie Kapitel für Kapitel durchgearbeitet. Eine schlanke, burschikos wirkende Frau mit dunkelblonden Haaren, einem weißen sportlichen Rock und einem grünen T-Shirt, wahrscheinlich Mitte Fünfzig, bat sie herein. Sie führte Hannah in einen Anbau im Innenhof. Klare Linien, denen erdfarbene Accessoires eine Wärme verliehen, die das Gebäude bei seiner Strenge sonst nicht gehabt hätte. Regina Michalik ging Hannah voraus. Hannah folgte ihr in den Besprechungsraum. Eine große weinrote Couch sprang ihr sofort ins Auge. Da würde sie sich natürlich nicht draufsetzen, und -legen erst recht nicht, sie war ja schließlich als Interviewerin hier und nicht als Klientin. Insgeheim gestand sie sich aber ein, dass sie sich am liebsten lang auf der Couch ausgestreckt, die Augen geschlossen und dieser Regina Michalik all ihre Probleme erzählt hätte. Stattdessen aber bot ihr Regina

Michalik einen Platz am großen Besprechungstisch an. *Massive Eiche, vermutlich Handanfertigung, passend zum Fußboden. Da müssen die Geschäfte wohl gut gehen,* dachte Hannah und hatte plötzlich das Gefühl, hier richtig zu sein.

Sie beschloss, die Initiative zu ergreifen, um nicht zu wirken wie eine Frau, die Hilfe nötig hat. Intrigengeschüttelt *war* sie, aber wirken wollte sie nicht so. Außerdem konnte sie sich auf ihre Rolle als Journalistin zurückziehen, schließlich hatte sie sich den Termin besorgt, um ein Interview zu führen. „Mich hat Ihr Slogan beeindruckt: Nach der Intrige ist vor der Intrige!" meinte Hannah und nahm auf der Seite des Tisches Platz, von der sie in den begrünten Innenhof sehen konnte. Regina Michalik setzte sich ihr gegenüber und wartete ab. „Genau deshalb bin ich hier! Ich glaube, ich war in eine Intrige verwickelt und habe es nicht einmal gemerkt." „Also wollen Sie aufarbeiten, was geschehen ist?" fragte Regina. Hannah rutschte auf ihrem Stuhl hin und her. „Ich bin aus zwei Gründen hier. Um ein Interview mit Ihnen zu führen und aus einem persönlichen Grund. Vor allen Dingen möchte ich mehr darüber lernen, was Intrigencoaching ist … und wie ICH mich in Zukunft klüger verhalte. Wenn ich die Situation richtig beurteile, dann bin ich ein klassisches Opfer, das Opfer einer Intrige. Ein Gefühl, das mir natürlich gar nicht gefällt, das mir vielleicht auch ein wenig Angst macht, das mich, ja …, das mich hin und wieder auch lähmt, ich erkenne mich manchmal nicht wieder. Früher, das können Sie mir glauben, da …"

Sie dachte kurz an Robin, wie er ihr diesen Gedanken, Opfer zu sein, in den Kopf gesetzt hatte, und wie anders sie sich früher wahrgenommen hatte: „… da hatte ich das Steuer fest in der Hand. Ich war der Indianerhäuptling, und die anderen folgten mir. Jetzt komme ich mir vor, als ob ich ständig in irgendeine Falle tappe, die andere mir stellen. Ich möchte wieder selbst gestalten und steuern!" Sie sah die Frau ihr gegenüber fast flehend an.

„Sind Sie einverstanden, wenn ich zuerst Ihnen ein paar Fragen stelle? Ich meine, mir ist schon klar, dass das beim Coaching normalerweise anders herum läuft, aber ich bin auch als Interviewerin da und wäre Ihnen wirklich sehr dankbar, wenn Sie heute mal eine Ausnahme machen könnten, das würde mir sehr helfen!" Hannah sah aus dem Fenster. „Ursprünglich bin ich Journalistin, und das Fragen stellen hilft mir dabei, mich kompetent zu fühlen. Ich hoffe, Sie verstehen das." „Legen Sie los, fragen Sie!", sagte Regina Michalik und lächelte. Hannah lehnte sich zurück, zog ihren Block aus der Tasche und begann mit den Fragen, die sie zuvor ausgearbeitet und aufgeschrieben hatte.

Regina Michalik hatte Hannah für einen Augenblick allein gelassen, damit sie in Ruhe schreiben konnte. Sie sollte sich damit beschäftigen, wie alles angefangen hatte ... Hannah dachte an ihren ersten Tag bei *Movies Entertainment* zurück. Sie hatte ein Praktikum gemacht und war darüber in die Bewerberschleife gerutscht. Begehrte Medienunternehmen machten es sich bei der Bewerberauswahl einfach: Sie testeten die ‚Generation Praktikum' durch. Sie ließen unzählige Studenten durch ihre Tests laufen, wählten sich dann die am besten geeigneten aus, um sie fünf Monate unbezahlt arbeiten zu lassen, bis dann eine Handvoll von Auserwählten einen Zeitvertrag bekam.

Hannah war eine von ihnen gewesen. Zwischen ihrem Praktikum und dem Berufsstart hatte sie nur noch ein paar Seminare an der Uni belegen und schließlich die Bachelorarbeit schreiben müssen. Direkt am nächsten Tag, nach ihrer mündlichen Prüfung, hatte sie schon wieder im Unternehmen gestanden.

Sie hatte sich sehr auf ihren Chef gefreut, Wilhelm Wolthat – nomen est omen – war ein sehr hilfreicher Vorgesetzter, der sich um die Studenten, die seine Abteilung durchliefen, fast schon mit väterlicher Fürsorge kümmerte.

Als sie am ersten Arbeitstag ins Büro des Chefs stürmen wollte, um ihn fröhlich zu begrüßen, merkte sie gleich, dass etwas nicht stimmte. Wilhelm Wolthat telefonierte und nickte Hannah durch die Glasscheibe seines Büros nur zu. Er unterbrach sein Gespräch aber nicht, wie sie erwartet hatte. Nein, er saß da, fuhr unruhig hin und her und zerklopfte die Bleistiftspitze auf seinem Block. Hannah kam es vor, als wiche er ihrem Blick aus. Sie war sehr enttäuscht, dass er sie nicht herzlicher begrüßte. Über seinen PR-Chefposten im Unternehmen hinaus, war er auch an der Uni eine Kapazität, und seine Vorlesungen waren sehr beliebt. Drei Tage schaute sie sich sein zurückgezogenes Verhalten an, dann platzte ihr der Kragen. Während sie gemeinsam um den Konferenztisch liefen, um Pressemappen mit Material zu füllen, da fragte sie ihn ganz unverblümt, warum er sich in den letzten Tagen plötzlich so verändert habe.

Sie sah, dass er erst weitergehen wollte, es sich dann aber doch anders überlegte, und sich zu ihr umdrehte. Er verriet ihr, dass er nach 13 Jahren ohne jede Vorankündigung, sozusagen von einem Tag auf den anderen, die Kündigung erhalten habe. „Das ist los", sagte er unwirsch und beugte sich über den Tisch. Hannah verschlug es fast die Sprache. „Aber, ... aber die können Sie doch nicht einfach so ..."

„Doch, genau das können sie. Sie wollen einsparen, und dann rollen halt Köpfe. Ein Bereichsleiter wird jetzt nicht mehr gebraucht. Ihr könnt euch in Zukunft direkt an die Chefs wenden. In deinem Fall wäre das dann der Berenler, viel Spaß mit dem!"
„Wieso?"

Hannah war entsetzt gewesen. Berenler hatte zwar Ahnung von Personalarbeit, aber keinen Schimmer davon, wie man Kommunikation ausrichtete. Das hatte sie schon bei *Movies Entertainment* als Praktikantin festgestellt. Berenlers Ruf eilte ihm voraus. Darüber sprach man natürlich nur hinter vorgehaltener Hand. Denn hätte Berenler davon Wind bekommen, dass ihm irgendjemand unterstellen wollte, er würde seine Macht missbrauchen, um womöglich mit den Damen des Betriebes im Bett zu landen, dann wäre wohl der Teufel los gewesen. Zumal ihm das auch niemand hätte beweisen können, außer fragliche Damen selbst. Doch die hätten dann am nächsten Tag, das war mal klar, die Kündigung auf dem Tisch gehabt. Und da das Gerücht sich hartnäckig hielt, er entließe selbst die älteren Mitarbeiter mit Zeugnissen, mit denen sie keine Chance mehr auf dem Arbeitsmarkt hatten, trauten sich auch die jüngeren Kolleginnen nicht, aufzumucken.

Er konnte sehr charmant sein, war stets von hübschen Untergebenen umgeben, und ‚coachte' gerne mal die eine oder andere auch ganz privat, munkelte man. Wäre wohl auch zu heikel gewesen, einem Personalvorstand zu unterstellen, er könne seine Macht für eigene Zwecke nutzen. So haftete ihm etwas Unberechenbares an. Natürlich mussten Personalleute so sein, tough, pragmatisch, ‚rational', wie sie es nannten. Einerseits war er sehr rational und ... andererseits war er nicht einzuschätzen. Da zog plötzlich von einer Minute auf die andere eine Schlechtwetterfront durch sein Gesicht, wo eben noch die Sonne gestrahlt hatte. Hannah konnte so etwas auf den Tod nicht ausstehen, solche Schein-Charaktere, bei denen man nie wusste, ob man Regenstiefel oder einen Sonnenschirm brauchte.

Hannah wurde bei dem Gedanken, immer zu Berenler zu müssen, bei jeder Kleinigkeit, und dass sie womöglich irgendwann seine fette Pranke auf ihrem Hintern spüren würde, richtig schlecht. Sie wollte unbedingt noch mal mit Wolthat sprechen. Vielleicht konnte man gemeinsam etwas gegen die Kündigung unternehmen. Wolthat aber war von dieser Idee gar nicht begeistert gewesen. Er hatte sich längst mit der Kündigung abgefunden. Auch wenn es ihn offensichtlich sehr gekränkt hatte. Er war gerade mal Mitte Vierzig und hatte immer sein Bestes für das Unternehmen gegeben. Wolthat hatte ihr noch mal ganz genau erklärt, warum das Geld für seine Stelle eingespart wurde und warum er in solch einem Betrieb auf keinen Fall mehr arbeiten wollte, in dem die Rendite der Aktionäre wichtiger war als kontinuierliche Kommunikationsarbeit. Hier wurde bewusst in Kauf genommen, dass Mitarbeiter künftig schlecht oder gar nicht informiert wurden. Er bezweifelte, dass sich das auszahlen würde, selbst wenn es sich kurzfristig rechnete.

Auch aus diesem Grund empfand er die Kündigung als eine über persönliche Aspekte hinausgehende Kränkung, denn kurz nach dem Gespräch war er weg, krank gemeldet bis zum letzten Tag. Anscheinend hatte man ihm eine Stelle bei einer Beratungsfirma in Frankfurt angeboten, und vermutlich musste er seine Kraft bündeln, bevor er da anfing. Trotzdem machte Hannah noch einen Vorstoß bei Berenler, versuchte eine Lanze für Wolthat und auch die gewohnten Strukturen im Arbeitsgebiet der internen Kommunikation zu brechen, aber vergebens. Berenler sagte ihr klar und deutlich: „Wenn Sie Wolthat so schätzen, dann gehen Sie doch mit ihm, wir werden Sie nicht hindern!" Damit war das Gespräch beendet gewesen. Ihr war das Gespräch mit Berenler, seine kalte, flapsige Antwort, so auf den Magen geschlagen, das sie Wolthat am liebsten gefragt hätte, ob er sie mit nach Frankfurt nähme. Nur vor einem Wechsel von Berlin nach Frankfurt schreckte Hannah zurück.

Also hatte sie sich zusammengerissen und versucht, mit Berenler auszukommen. In den nächsten sieben Jahren hatte sie drei Vorstandsvorsitzende kommen und gehen sehen. Berenler war die ganze Zeit über ihr Vorgesetzter gewesen, hatte sie, von gelegentlichen Piekereien abgesehen, aber in Ruhe gelassen, da ihre Arbeit auch höheren Orts sehr geschätzt wurde.

„Irgendetwas muss ich richtig gemacht haben!" dachte sie und gab sich einen Ruck. Jetzt musste sie endlich mit dem ‚Freewriting' anfangen, das Regina Michalik ihr aufgetragen hatte. Sie sollte acht Minuten ununterbrochen schreiben, ohne den Stift abzusetzen. Sozusagen ohne nachzudenken, einfach hinunterschreiben, was ihr einfiel.

Ihr Anfangssatz sollte sein: „Wenn ich an *Movies Entertainment* denke …" Die Pünktchen sollten ausgefüllt werden. Hannah griff zum schwarzen Filzstift, den Regina Michalik ihr hingelegt hatte.

„Wenn ich an Movies Entertainment denke, dann fallen mir viele gute Begegnungen mit Menschen ein und viele Momente, in denen ich sehr stolz war, alleine oder im Team, ein Firmenziel erreicht zu haben. Es ist uns geglückt, für Movies Entertainment ein gutes Image aufzubauen und über Jahre zu halten, auch von Krisenkommunikation blieben wir – dank ‚thinking ahead' – verschont. Wir stoppten Affären,

bevor sie ans Licht der Öffentlichkeit geraten konnten. Die meisten Unglücksfälle haben wir beheben können, bevor die Öffentlichkeit sie entdeckt hat und Journalisten uns angesprochen haben ... Ich erinnere die Affäre um einen deutschen Moderator einer großen Spieleshow, dessen Name mir auch hier nicht über die Lippen kommt bzw. den ich hier nicht aufschreibe, wer weiß, wer meine Notizen noch in die Hand bekommt ..., also, der kann mir mehr als dankbar sein, dass ich seinen Arsch gerettet habe ... Wenn ich jetzt in meinem Büro sitzen würde, dann könnte ich all die vielen Schauspielerinnen und Schauspieler zählen, die mir die zahlreichen Dankeskärtchen geschickt haben, weil ich ihnen so grandiose Presse und PR-Events besorgt habe, in denen sie auf ihre Filme aufmerksam machen konnten ... Ja, ich glaube ich kann sagen, diese Arbeit hat mir immer besonders viel Spaß gemacht. Das einzige, was wirklich blöd war, das war dieses Damoklesschwert, das ständig über einem schwebte. Nachdem ich Wolthats Absturz so hautnah miterleben musste, bin ich jeden Tag mit diesem Gefühl zur Arbeit gegangen: Vielleicht bist du die Nächste, vielleicht bist du heute schon an der Reihe.
Zumal sich ja ständig was bewegt hat in dem Laden. Fast alle halbe Jahre gab es irgendeine Umstrukturierung. Und da konnte es sein, dass dein Schreibtisch plötzlich zwei Etagen tiefer stand und du dachtest, so geht das jetzt weiter und irgendwann

sitzt du im Keller und dann auf der Straße. Wir haben natürlich alle Angst gehabt, den Arbeitsplatz zu verlieren, da gab es kaum Ausnahmen, vom einfachen Kameramann bis zum Programmdirektor.
Unangenehm war allerdings, man könnte auch pervers sagen, dass plötzlich auch die Kolleginnen und Kollegen anfingen zu schleimen, mit denen ich immer gut ausgekommen bin, die wirklich nett waren. Die scharten sich von einem Tag auf den anderen um die Alphatierchen im Betrieb, bei denen man wusste, dass sie sich hoch geboxt und hoch getreten hatten, dass sie Methoden an der Hand hatten, mit denen sie auch die größte Krise überstehen würden. Offenbar fühlte man sich dort am sichersten, wo man eigentlich von der größten Gefahr ausgehen musste. Dort vermutete man die Strippenzieher, und bevor man sich in den Strippen verfangen konnte, stellte man sich lieber hinter ihnen auf. Komisch, dass mir das jetzt einfällt, so bewusst war mir das noch nie ... also, vielleicht sollte ich mal überlegen, welche Strippen im Hintergrund gezogen wurden, die ich gar nicht bemerkt habe? Wie steht es im Intrigenbuch von Regina Michalik: Opfer, Täter, Mitwisser? Wer könnte an meinem Untergang gestrickt haben? Da muss ich ..."

Hannah legte den Stift hin. Regina Michalik war mit einem Tablett hereingekommen, auf dem weißes Porzellan stand. „Einen Kaffee?" fragte sie.

Hannah war zu unruhig, um nach dem Gespräch mit Regina Michalik direkt nach Hause zu gehen. Sie lief am Landwehrkanal entlang. Es war warm. Junge und alte Leute kamen ihr entgegen oder saßen am Ufer auf den Wiesen. In den letzten Stunden hatte sie im Austausch mit Regina Michalik und vor allem schreibend so viel erlebt … Besonders eine Frage hatte sie nicht losgelassen: ‚WAS HÄTTEN SIE ÄNDERN KÖNNEN?' Zuerst war ihr nichts eingefallen, aber dann hatte Regina ihr einen Würfel mit Symbolen statt Zahlen gegeben. Die Symbole waren auf einmal zum Impulsgeber geworden. Da war ein Mund zu sehen gewesen. Eine Hand. Eine Waage. Mehrere Menschen. Das Symbol eines Briefes. Das Sprechzimmer eines Juristen und eines Arztes. Auf einmal hatte Hannah ganz viele Ideen gehabt, wie sie sich hätte zur Wehr setzen können. Bevor es zu spät war. Als Präventionsmaßnahme. Sie hätte Gespräche führen können, mit ihrer Kollegin Erika, aber auch mit ihrem Chef. Mit dem Betriebsrat oder auch mit dem Vertrauensarzt. All diese Möglichkeiten hatte sie in der Sitzung mit dem Intrigencoach ausformuliert und beschrieben. Das Schreiben dieser Szenen war so wohltuend gewesen. Ob sie es gleich noch einmal versuchen sollte?

Hannah setzte sich an eine freie Stelle und zog ihren Notizblock hervor. Ihre Überschrift:

Ergebnisse des Besuchs bei Regina Michalik – was ich herausgefunden habe

1. *Ich war Opfer einer Intrige – auch bei mir versteckte sich ‚der Fisch im trüben Wasser' – ich hab es nur nicht gemerkt. So naiv werde ich nicht bleiben.*

2. *Drehbuchschreiben ist super – man kann den schlechten Schluss zum Happy End wenden und sich darüber mental für künftige Intrigensituationen trainieren; sich von Anfang an anders positionieren.*

3. *Die Kündigung nehme ich nicht zurück. Ein Umfeld, in dem man bei guter Leistung und nur einem Ausrutscher so verächtlich behandelt wird, gefällt mir nicht. Das macht auf Dauer krank. Womöglich würde ich irgendwann bei all den Ungerechtigkeiten eh ausflippen und dann Gott weiß was tun.*

4. *Phantasie hilft, die Wahrheit über die Vergangenheit herauszufinden und Lösungen für die Zukunft zu entdecken. Ich erkenne jetzt, welche Rolle Berenler und Erika gespielt haben ... Ich das dämliche Opfer, er, der Täter und Erika, die Verbündete ...Vermutlich treiben sie bei den Kollegen in Köln die Intrige noch heftiger voran,*

wenn auch bei denen das gleiche Ziel verfolgt werden sollte, nämlich die Kollegen zu bewegen, freiwillig zu gehen oder gar ‚frei zu setzen'. Ich löse mein Problem jetzt, bevor das andere für mich tun. Schreibend komme ich an meine vor dem Bewusstsein bislang verborgenen und verbotenen Themen heran und auch an unbewusste Wünsche. Einer davon: Ich möchte eine Auszeit und (wieder) kreativ schreiben.

5. *Vielleicht schaue ich mir diesen Studiengang Biografisches und Kreatives Schreiben mal vor Ort an? Journalistisches und berufliches Schreiben kann ich, aber vielleicht sollte ich mich mal schreibend mit meiner Biografie befassen? MICH in den Mittelpunkt stellen? Wer weiß, was da noch rauskommt!*

Bis zum frühen Nachmittag saß Hannah auf der Wiese, dachte nach und machte sich Notizen.

DIE ENTSCHEIDUNG

Sonnenstrahlen fielen durchs Fenster und ließen den Schreibtisch hell aufleuchten. Hannah saß am Schreibtisch und machte den Computer aus. Mit einem Ruck wendete sie sich wieder ihrem ausgedruckten Text zu. Heute Vormittag hatte sie ein Interview geführt. Sie legte den Text beiseite und nippte an ihrem Kaffee – schon wieder kalt, dachte sie irritiert. Ein wenig zu heftig stellte sie die Tasse zurück auf den Tisch, sie wäre fast zerbrochen. Sie überflog noch einmal den Text, aber ihre Gedanken verloren sich …

Das Interview mit Lutz von Werder heute früh hatte sie mächtig herausgefordert. Der Mann war eine wandelnde ‚mind map' aus Fleisch und Blut. Eine Assoziation nach der anderen, ein Thema folgte dem nächsten. Beim Transkribieren des Interviews war einiges Geschick erforderlich gewesen, um dem Leser den roten Faden wieder sichtbar zu machen. Nach dem Interview hatte sie das Gefühl gehabt, viel über die Geschichte des Kreativen Schreibens in Deutschland gelernt zu haben. Wie viele Bücher er geschrieben hatte, fast vierzig allein beim Schibri-Verlag veröffentlicht … Seine Anregungen gefielen ihr, besonders die mit dem Schreibtagebuch und auch die Empfehlung, Texte und Problemstellungen im Schlaf „köcheln" zu lassen, sodass man am nächsten Morgen die Lösung hatte ... Dem Unbewussten und der Intuition vertrauen. Das wollte sie auch.

Die Schublade ihres Schreibtischs stand halb offen. Hannah erkannte das dunkelrote Logo der *Alice-Salomon-Hochschule* auf einem Formular. Entschlossen zog sie die Schublade ganz auf und griff sich das Bewerbungsformular. Wenn sie in ihrer Bewerbungsmappe für den Masterstudiengang *Biografisches und Kreatives Schreiben* ein Interview mit Lutz von Werder vorweisen konnte, dann würde man sie sicher nicht ablehnen können! Das war der Plan, deshalb hatte sie den ‚Nestor des Kreativen Schreibens' um ein Interview gebeten. Das bekam bestimmt nicht jede Bewerberin hin, und es würde ihre Motivation für das Studium besonders unterstreichen. Das Interview mit Regina Michalik hatte sie bereits im Kasten. Ergänzend würde sie ein Interview mit einer der ersten Absolventinnen des Masterstudiengangs führen, um zu erforschen, wie weit es die ersten Absolventen nach Abschluss des Studiengangs gebracht hatten. Zusätzlich wollte sie noch ein Motivationsschreiben verfassen und darin begründen, warum sie unbedingt diesen Studiengang belegen wollte. Der Rest ihrer Mappe würde aus Texten bestehen, die sie während ihrer

Öffentlichkeitsarbeit für einen privaten Fernseh- und Rundfunksender geschrieben hatte. Die Frage, ob auch noch andere Textformen wie beispielsweise Gedichte erwartet wurden, schob sie beiseite. Sie war zuversichtlich, mit ihrer Bewerbung erfolgreich zu sein, selbst wenn sie nur Prosatexte einreichen und auf lyrische Formen verzichten würde.

Kreatives Schreiben umfasste ein weites Feld und bot nach Abschluss des Studiums ein großes Arbeitsgebiet. Sie wollte aber weit mehr finden als eine Erweiterung ihres bisherigen Arbeitsprofils. Ihr Instinkt sagte ihr, dass es für ihren Befreiungsschlag genau das Richtige war, denn sie wollte einen Weg finden, der sie von solchen fragwürdigen Institutionen und hierarchisch orientierten Arbeitgebern, die sie in ihrem Arbeitsleben bislang kennengelernt hatte, unabhängig machen würde. Sie wollte keine intentionalen, auf Verkaufsförderung oder Imageverbesserung abzielenden Texte mehr schreiben, sondern hemmungslos in die Welt der eigenen Gedanken fallen und diese zu Papier bringen. Daraus würde dann vielleicht etwas ganz Neues entstehen, womöglich ein ganz neues Leben … und vielleicht sogar zu zweit. Hannah nahm das Formular und begann es auszufüllen.

IN DER SCHREIBGRUPPE

Der zuständige Studiengang-Leiter an der *Alice-Salomon-Hochschule* in Berlin hatte Hannah bei ihrem kurzen Telefonat empfohlen, sich bei Becky Beck zu melden, die als ehemalige Studentin und heutige Dozentin besonders prädestiniert sei, sie über den Ablauf des Studiengangs und über mögliche berufliche Wege nach Erlangen der Qualifikation zu informieren. Hannah hatte schnell einen Termin gemacht. Noch war es Zeit, die eigene Bewerbung notfalls nicht abzuschicken.

Der Dienstag begann regnerisch. An diesem grauen Berliner Morgen betrat Hannah die hellen, frisch getünchten Räume des *Nachbarschaftsheims Schöneberg*, die noch ein wenig nach Farbe rochen. Becky Beck entschuldigte das mit einem Lächeln. Schon auf den ersten Blick empfand Hannah sie als aufgeschlossen und sympathisch. *Eine wichtige Eigenschaft für eine Schreibgruppenleiterin, die täglich mit unterschiedlichen Menschen zu tun hat*, dachte Hannah. Als Becky Beck sich vorstellte, erinnerte sich Hannah daran, welche Informationen zum Werdegang sie ihrem Internet-Auftritt entnommen hatte: Becky Beck hatte nicht nur den *Master in*

Biografischem und Kreativem Schreiben, sondern war auch *Diplom- und Poesie-Pädagogin*. Hannah nahm sich vor, den beruflichen Weg dieser Frau ganz genau zu erfragen.

Es war Hannahs erste Stunde in einer Schreibgruppe. Nach dem Interview mit Becky Beck hatte sie sich sofort bei ihr angemeldet. Sie wollte testen, wie sie sich als Teilnehmerin einer Schreibgruppe fühlte und ob Schreibgruppenleitung vielleicht später auch ein Job für sie sein könnte ... Außerdem hatte sie so viel Interessantes gehört: Wie *Kreatives Schreiben* nicht nur eine Quelle der Imagination sein kann, sondern wie es auch gestressten oder erschöpften Menschen hilft. Wie man es bei unterschiedlichen Zielgruppen einsetzt, von Schülern bis hin zu Senioren.

Becky Beck wirkte in ihrem Kurs sehr ausgeglichen, noch sicherer als zuvor im Interview. Zugleich auch voller Energie. Sie war eine recht große Frau mit blondem Haar, das ihr bis auf die Schultern fiel. Sie trug jetzt ihre schwarze Lesebrille, die ihr eine fast professorale Ausstrahlung verlieh und in Kontrast zu ihrer offenen und ansteckenden Fröhlichkeit stand. Man spürte den Humor, wenn sie vorlas und dann über den schwarzen Brillenrand in die Gruppe blickte. Nach einführenden Worten hatte sie die Gruppe zur ersten Übung ermutigt. Sie hatten zusammengesetzte Hauptwörter gesammelt und mussten dann den zweiten Teil des Wortes als Anfang eines neuen Wortes nutzen: Das nächste Wort nach „Frühlings-Luft" ergab dann zum Beispiel „Luft-Schloss". Von der „Frühlingsluft" gut gelaunt beim „Schornstein-Feger" angekommen, waren sie am Ende der Liste angelangt, auf schwierigere Aufgaben eingestimmt worden.

Dann kam das Ei! Es war tatsächlich ein echtes, braunes Hühnerei, das Becky Beck mitten auf den Tisch setzte. Ein wenig zu energisch, denn es knirschte leise und die Schale zerbrach.

Heraus kam ein leicht schwefeliger Geruch. Das inspirierte die Teilnehmerinnen zu folgenden Wörtern wie Schwefel, Moorbad, Ostern, Geschenke, Kinder …, die dann in einem ‚Cluster' zusammengestellt wurden. Hannah lernte, dass man Cluster anlegt, um Assoziationen zu sammeln: Das Wort „Ei" stellten die Schreibgruppenteilnehmerinnen in die Mitte und umkreisten es mit spontanen Gedanken. „Mein Cluster sieht aus wie ein Igel: Das Ei ist der Bauch und die Assoziationen seine Stacheln", dachte Hannah. Die Ergebnisse rund ums Ei, die Assoziationen in alle Richtungen, behielt jede Teilnehmerin für sich. Dass in diesem Falle nicht vorgelesen wurde, hatte die Schreibgruppenleiterin vorab angekündigt, worüber Hannah sehr erleichtert war. „Da haben wir aber Glück, Igel!" flüsterte sie ihrem Cluster zu.

Becky Beck hatte glatte weiße Streifen vorbereitet, Papier mit eingeschweißten Begriffen. Jede Teilnehmerin zog sie blind, ohne zu gucken, aus einer von Becky herumgereichten samtigen Stofftasche. „Das steht eure Schreibanweisung drauf", erklärte sie. „Bei dieser Übung handelt es sich um Stilübungen, die Raymond Queneau erfunden hat, die so genannten ‚Exercices de style'!" Sie wandte sich zu Hannah: „Beim *Kreativen Schreiben* gibt die Schreibgruppenleiterin ihren Schreibkursteilnehmerinnen meistens einen Impuls. Sie bekommen eine Aufgabe, die sie inspiriert. Heute ist es eine genaue und einengende Vorgabe. Gerade das bringt die Phantasie zum Blühen!" Hannah hatte so etwas seit ihrer Kindheit nicht mehr erlebt, dass man sich auf das Ziehen eines Papierstreifens freut und bass gespannt ist, welches Wort sich darin verbirgt. Sie konnte es kaum erwarten, bis sie an der Reihe war. Vor Aufregung waren ihre Hände sogar ein wenig feucht. Darüber hinaus war sie neugierig, wie diese Vorgabe ihr Schreiben und die Formulierungen der anderen Schreibteilnehmerinnen beeinflussen würde, ob es eher hilfreich beim Verfassen eines Textes sein würde oder eher nicht … Sie zog einen dieser weißen Streifen und las: „geschmacklich!" Nach rechts und links blickend erhaschte sie einen Blick auf die Vorgaben der anderen Teilnehmerinnen. Ihre Nachbarin Brigitte hatte „zoologisch" erwischt und Kordula war im „Botanischen" gelandet. Das bedeutete, dass jede Schreibgruppenteilnehmerin beim Schreiben ihres Textes jetzt ihre Formulierungen an der Vorgabe ausrichten musste und möglichst viel geschmackliche, zoologische oder botanische Elemente und Gedanken in den zu schreibenden Text einstreuen sollte. Gitta, die mitschrieb, musste „schwülstige Übertreibungen" in ihren Text einarbeiten. Sie gab ein paar Beispiele, wie sie vorgehen würde. Sie wollte im Stil von Georgette Heyer schreiben, der zu Lebzeiten herzzerreißende Regency-Romantik zum Schmachten aus der Feder floss; vielleicht die Heldin ‚Venetia' das Osterei finden lassen, dass der vermeintliche ‚Wüstling' für sie versteckt hatte. Lodernde Leidenschaft. Sturmwind der Zärtlichkeit. Sehnsuchtsvolle Momente. Darin läge die richtige Tonalität. Die Teilnehmerinnen amüsierten sich prächtig über die Aussicht, diesen Text gleich zu hören. Danach wurde es ruhig, nur die Kratzgeräusche der Stifte auf dem Papier, in unterschiedlicher Geschwindigkeit, waren zu hören. Hannah zwang sich, ihren Hörsinn zurückzunehmen und den Blick nicht weiter schweifen zu lassen. Sie starrte auf das weiße Papier und dachte, dass sie sich auf keinen Fall von den anderen ablenken lassen würde. Sie bemühte sich, ihre Empfindungsantennen auf „geschmacklich" einzustellen. Das fiel ihr schwer, der Geruch des Eies hing ihr immer noch in der Nase. Aber, ging es nicht darum, Wahrnehmungen möglichst genau zu beschreiben? Das *Kreative Schreiben* war eine dehnbare Methode, vielleicht konnte sie auf dem Papier festhalten, was sie roch? Sollte sie sich erst einmal über den Geruchssinn auf die Situation einlassen, um so vielleicht zum Geschmackssinn zu gelangen? Alle rochen lecker hier: Von Kordula, einer gepflegten Intellektuellen mit Designerbrille, ganz in grau gekleidet, leicht gebräunt und geschminkt, wehte sogar ein leichter Hauch eines teuren Parfüms herüber. Sollte sie daraus einen Geschmack machen? Fruchtig, zimtig, blumig – alle diese Geschmäcker und Gerüche gingen ihr durch den Kopf. Sie sah wieder in die Runde, kaute an ihrem Bleistift. Die Teilnehmerinnen der Gruppe waren allesamt sympathisch. Offensichtlich gestandene Frauen, die ihr Denken und Fühlen auf Papier und sich selbst zum Blühen bringen wollten. Bot die Schreibgruppe einen Schutzraum, in dem sie das tun konnten? Sie merkte, dass sie immer noch nicht richtig bei der Sache war. Mit „Ei" hatte das alles gar nichts mehr zu tun. Das Ei lag immer noch in der Mitte des Tisches, anscheinend war es ein gekochtes Ei. „Der hat keine Eier in der Hose", fiel ihr bei einem Blick auf ihr Cluster auf. Diesen Spruch hatte sie sofort assoziiert. So sagte man doch, das war ein Synonym für jeman(n)den, der keinen Mut hatte. Sich nichts traute. Nicht traute anzurufen, zum Beispiel?! Sie kaute auf ihrem Bleistift. Wie würde so jemand schmecken, einer, der keine Eier in der Hose hatte? Schal, vermutlich, schal und abgestanden …

Langsam kam sie in Fahrt. So ging das Spiel also: Keine schlechte Idee, Menschen um sich herum mit einem Geschmack zu beschreiben. Wie eine Verdichtung, eine komprimierte Zusammenfassung. Irgendwie tendiert man ja sowieso dazu, Menschen in eine Schublade zu packen, warum also nicht geschmacklich ein zusammenfassendes Urteil über sie bilden? Oder war das eher geschmacklos?

Sie dachte schon wieder an Jan, den sie sich jetzt als eine Frucht, eine leckere, frische Apfelsine vorstellte. Verflixt, sie sollte doch über das Ei reflektieren, nicht über einen Mann, den sie zwar berauschend attraktiv fand, der aber nie anrief. Also, zurück zur Sache! Bestimmt funktionierte das geschmackliche Einteilen von Menschen auch andersherum: Wie würde ihre Schreibgruppenleiterin Gitta sie, Hannah, klassifizieren? Als etwas Süßes, Säuerliches, Bitteres? Als eine „schokoladige" Kostprobe? Oder wie geröstete Erdnüsse schmeckend? Einem verwöhnten Gaumen genügend oder nur für den bäuerlichen Geschmack? Oder etwa zäh wie ein Kaugummi?

Hannah ließ den Stift fallen. Sie kam einfach nicht voran. Da fiel ihr ein, was Becky Beck vorhin einer anderen Schreibgruppenteilnehmerin geraten hatte: „Schreib einfach, was dir gerade durch den Kopf geht, schreib einfach los. Hauptsache, der Stift ist in Bewegung." Und so schrieb Hannah: *Jan ist blöd, Jan ist doof. Warum meldet er sich nicht? Auch einer von denen, die großen Erwartungen pflanzen und dann ist nichts dahinter? Gaaar nichts? Mag er mich nicht mehr? Ist der Zauber schon verflogen? Einzige Entschuldigung sich nicht zu melden, wäre, dass er im Koma liegt oder wie heißt das noch, der Begriff, wenn man alles vergisst, Amnesia? Ach ja, unter Amnesie leidet. Vielleicht ist er vom Fahrrad gefallen und mit dem Kopf auf den Bürgersteig gestoßen … Das war im letzten Sommer … Himmel ist es heiß hier im Raum … Warum warte ich und schwitze hier? Ich muss mir ein neues Parfüm kaufen, im Falle, dass er sich doch noch meldet … Donna Karan, New York, das gefällt mir … das mit dem Duft von Wodka und herben Orangen … ach ja, ein Drink wäre jetzt auch nicht schlecht. Huch, ich bin ja im Thema gelandet. Jetzt noch was zum muffeligen Ei und dann zu Hause ruckzuck an die Bewerbung. Ab in die Post damit! Schreiben ist toll, irgendwann findet man immer die passenden Bilder!*

Disziplin und Schreiben würde ihr jetzt am besten tun. Alles, nur nicht neben dem Telefon auf einen Anruf zu warten, der nicht kam …

DIE KOLLEGIN

Hannah betrat die Lobby des *nhow* am Ufer der Spree. Im Innern des neuen Musikhotels dominierten überwiegend poppige Farben und geschwungene Formen, von der Rezeption über die Lobby bis hin zur Bar. „So sah ich auch mal aus. Nur so nervös war ich nie", schoss es ihr durch den Kopf, als sie sich der jungen Frau näherte, die in einem Sessel an der Fensterfront, in einer Art goldener Plastikschüssel, versunken war. Das Hotel an der Spree lockte musikbegeisterte Gäste mit eigenem Tonstudio und punktete mit ausgefallenem Ambiente und dem direkten Zugang zum Fluss. Heute war es windig. Erika saß drinnen. Hannah begrüßte sie und setzte sich ihr gegenüber. „Grüß dich, Erika". „Hallo Hannah, komm setz dich. Mensch, ist das nett, dass du dich hier mit mir verabredet hast", sagte Erika und plapperte drauf los, ohne Punkt und Komma. „Du weißt ja, wie wenig Zeit wir in der Mittagspause haben, und vom Büro aus ist es wirklich nur ein Katzensprung hierher. Hannah, willst du wirklich *Movies Entertainment* verlassen? Ich habe gehört, du hast die schriftliche Kündigung eingereicht?" Hannah lehnte sich in der goldenen Sitzschüssel zurück und schaute auf die Spree. „Ja, und daraufhin haben sie mich sofort freigestellt. Ich werde jetzt noch drei Monate bezahlt, und dann muss ich sehen, wie ich zurechtkomme. Aber ich habe Pläne …" Erika fragte dazwischen: „Ach, du hast schon einen neuen Job? Ist ja auch kein Wunder bei deiner Erfahrung, war doch klar, dass du gleich was findest!" „Nein, einen neuen Job hab ich nicht. Ich steige bei *Movies Entertainment* aus und in mein neues Leben ein. Ich werde noch einmal studieren. Sofern sie mich zulassen. Aber die Chancen stehen gut." Erikas Augen wurden groß: „Wieso noch ein Studium? Und wie finanzierst du das? Hast du keine Angst, den Anschluss zu verlieren?"

Hannah wippte in ihrem Stuhl ein wenig auf und ab. „Sprich es ruhig aus: In Hartz IV zu landen? Klar hab ich Angst. Ich kenne viele Leute, die nach dem Studium keine feste Anstellung finden und sich mit Hungerhonoraren durchschlagen müssen. Andere jonglieren zwischen Juniorprofessur und Harz IV. Entweder sie haben Glück und landen an der Uni, oder sie haben Pech und landen im Jobcenter. Hab ich alles schon erlebt, ist einer Bekannten passiert. Man lebt halt in ständiger Angst, ob man seine Ziele auch erreichen kann, weil es sonst gleich tief bergab geht. Aber was hilft's! Die ganze Nacht Haare raufen, hilft natürlich auch nicht."
„Wo du so schöne Haare hast."
„Danke. Aber, es ist trotzdem schwer auszuhalten …

Egal, wie heißt es noch: Jede Frau ist ihres Glückes Schmiedin und wer nicht wagt, der nicht gewinnt." Sie sah die junge Frau ihr gegenüber direkt an. Erika schlug die Augen nieder. Wie jung sie war! Haut ohne Falten, noch so elastisch, aber … wie würde sie in zehn Jahren aussehen? Nach 10 Jahren Berenler? „Ich könnte das nicht. Ich brauche diesen Job. Weißt du, bei *Movies Entertainment* fühle ich mich zu Hause. Du hast mich eingestellt, und wenn du weg bist, habe ich eine Chance auf deine Stelle. Berenler mag mich, und wenn er wieder aus dem Koma aufwacht und zurückkommt, dann wird auch die Wednarey bereit sein …" Sie hielt sich vor Schreck die Hand vor den Mund. „Was hat denn die Wednarey damit zu tun?", fragte Hannah und beugte sich nach vorn. „Ach … die kann ganz gut mit Berenler und nachdem jetzt Reutter in Köln gegangen ist … weißt du, das sind halt so Interna, das kennst du doch … Finde ich jedenfalls toll, dass du studierst, was denn überhaupt?"

Hannah setzte sich so gerade wie möglich hin. „Erika, lenk jetzt nicht ab. Ich hab es eh geschnallt, was zwischen uns passiert ist. Ich hab mich mit dem Thema Intrige näher beschäftigt, hab mir einen Coach gesucht und bearbeitet, was ich erlebt habe. Da sind mir dann so ein paar Dinge aufgegangen. Auch, was deine Rolle angeht. Gib doch einfach zu, dass du mit Berenler unter einer Decke steckst. Ihr habt mich systematisch vergrault. Ich bin dir nicht einmal böse, weil ich selbst meinen Anteil daran habe und es zugelassen habe. Aber so wie du dich verhalten hast – das kann ich nicht durchgehen lassen, ohne dir zu sagen, dass ich deine Strategie durchschaut habe. Du bist im letzten halben Jahr keine Teamplayerin mehr gewesen. Du hast nur noch überlegt, wie du mir schaden kannst. Hast jeden Fehler mir zugewiesen, immer war ich schuld. Damit hast du dich bei Berenler eingeschleimt und dafür gesorgt, dass ich nicht über alle Informationen verfügt habe, die ich hätte haben müssen. Du wolltest meinen Job von Anfang an." Hannah stand auf. „Du kannst ihn auch gerne haben. Ich drück dir die Daumen, dass Berenler dich befördert. Aber überlege dir gut, ob du künftig so mit Kolleginnen umgehen willst. Vielleicht räumen die nicht kampflos das Feld. Alles Gute, Erika."

Sie drehte sich um und ging hinaus. Hannah hatte klare Worte gesprochen, aber jetzt zitterten ihr die Beine. Sie streckte den Rücken durch. Klack, klack, klack machten ihre Pumps auf dem Marmorfußboden. *So, das wäre nun auch erledigt. War nicht einfach, aber dringend nötig*, dachte Hannah. Sie hätte Erika auch einen Brief schreiben können, aber dieses Mal hatte sie die direkte Konfrontation bevorzugt. Sie hatte ihr ins Gesicht sagen wollen, was sie vermutete, um Erikas Reaktion zu testen.

Denn, dass Erika mit Berenler gemeinsame Sache machte, das hatte sie nur geahnt. Aber an Erikas Reaktion hatte sie ablesen können, dass etwas dran war an ihren Vermutungen. Erika hatte ihr nicht in die Augen sehen können, die Beine zusammengekniffen und die Arme verschränkt. Hannah hatte natürlich nur vermutet, dass sich Erika mit Berenler verbündet hatte. Doch jetzt, nachdem sie sich das Mädel zur Brust genommen hatte, erschien es ihr sonnenklar.

Dass Erika sich schuldig gefühlt hatte, war deutlich zu sehen gewesen, und damit wurde ihr immer mehr bewusst, dass in dem Laden etwas faul war. Sie würde der Sache auf den Grund gehen, sobald wie möglich, dachte Hannah, schubste die Drehtür an, verließ das Hotel und winkte sich ein Taxi.

LYRIK AN DER UNI

Es war ein sonniger Nachmittag. Die weiße Fassade der *Alice-Salomon-Hochschule* in Hellersdorf leuchtete in der Nachmittagssonne. Der Campus war voller Studenten. Überall standen kleine Grüppchen, aus denen es kräftig qualmte. *Hier wurde noch geraucht*, dachte Hannah und bahnte sich ihren Weg zum Haupteingang.

Vor dem Eingang der Hochschule standen Studenten, die lebhaft redeten und lachten. Die Uni war hierher umgezogen, als es im alten Gebäude in Schöneberg zu eng wurde und die Fördergelder noch flossen. So findet sich die Pädagogische Hochschule nun eingerahmt zwischen alten DDR-Plattenbauten und einem neu gebauten Einkaufscenter wieder, das sich über den gesamten Alice-Salomon-Platz erstreckt.

Als Hannah die Treppen vom U-Bahnhof Hellersdorf hochgestiegen und gerade den Platz betreten hatte, wäre sie fast von einem tätowierten Typen umgerannt worden, der seine verdreckte Bulldogge Richtung Einkaufszentrum zerrte. Der erste Eindruck war also nicht der beste gewesen. Allein die zwei Regenbogenfahnen an der Fassade brachten etwas Farbe in diesen grauen Bezirk und konnten Hannah ein wenig versöhnlicher stimmen. Sobald sie im Gebäude war, hellte sich ihre Stimmung zusehends auf.

Hannah betrat die Vorhalle, fand gleich rechts den Fahrstuhl und fuhr in den dritten Stock. Vollbeladen mit Büchern und Schreibmaterialien stürzte sie in ihren Seminarraum. Sie kam zu spät.

Das Modul *Lyrik* im Studiengang *Biografisches und Kreatives Schreiben* hatte schon begonnen. Ihre Mitstudierenden waren schon in kleine Arbeitsgruppen aufgeteilt worden und saßen über ihre Hefte und Blöcke gebeugt. Mit heißen Wangen nahm sie ihren Platz ein. Jetzt fuhr sie schon seit zwei Monaten von Schöneberg nach Hellersdorf, konnte aber nicht akzeptieren, dass sie für die Fahrt über eine Stunde Zeit einplanen musste.

Bislang war sie immer wenigstens fünf Minuten zu spät gekommen, aber heute war sie wirklich zu spät dran. Sie ärgerte sich über sich selbst, denn sie hatte noch mit Nora reden wollen. Sie hatte da eine Idee entwickelt, was sie mit ihren Interviews machen wollte. Wie sie ihre Interviews, mit denen sie sich erfolgreich beworben hatte, produktiv nutzen konnte. Die sollten jetzt nicht einfach so in der Schublade vergammeln, zumal Hannah überzeugt war, dass ihr die Transkription und Umwandlung in Kompaktinterviews besonders gut gelungen war. Auch die Auswahl der Interviewten, von Lutz von Werder über Regina Michalik bis hin zu Dozentinnen wie Becky Beck, hatte die Zulassungskommission sehr für ihre Arbeit eingenommen. Das war ein guter Start gewesen.

Jedenfalls hatte sie darüber noch mit Nora reden wollen. Über ihre Idee, die Interviews zu einem Buch zu machen.

Stift und Block hatte sie mittlerweile auf dem Tisch liegen und ihre Nachbarin Sabine schob ihr die Arbeitsanweisung der Stunde zu. Die beiden Dozenten, Kirsten Steppat und Claus Mischon, saßen schweigend vor einer Tafel, während im Raum nur das Kratzen von 17 Stiften zu hören war, mal schneller, mal langsamer, mal lauter, mal leiser. Christian schaute immer wieder aus dem Fenster. Das war so seine Art, erst aus dem Fenster gucken, dann einen Satz schreiben, dann wieder ein Blick aus dem Fenster werfen, und vielleicht die nächsten zwei Sätze schreiben. Er meinte einmal zu Hannah, der Blick aus dem Fenster sei wie ein Blick in seine Seele. So klangen dann auch seine Texte.

Heute ging es um das Modul *Lyrik*. Gedichte waren nicht gerade ihr Fall. Sie hätte von Anfang an für die Einstiegserklärungen der Dozentin anwesend sein sollen. Was war zu tun? Sie würde sich jetzt lieber mit ihren Interviews beschäftigten. Nora schien allerdings voll bei der Sache zu sein. Ihr Füller schien wie ein Segel über Wasser zu gleiten. Hannah kaute auf ihrem Bleistift. Sie wusste nicht recht, was sie machen sollte. Ihr Blick fiel auf den gelb markierten Satz in Sabines Lehrbrief: „Lyrik wird aus Worten gemacht" (Stéphane Mallarmé). Dieses Zitat stand im Lehrbrief Claus Mischons, den Sabine offen hingelegt hatte. Ach, wirklich? Ich glaube eher, Lyrik wird aus Dampf gemacht. Aus innerem Druck, der sich entlädt ... in einem Prozess, bei dem Bilder und Assoziationen, Musik und Gefühle beteiligt sind, ein ganzes Repertoire, dachte Hannah und blätterte im Lehrbrief.

„*Lyrisches Schreiben* als besondere Form des *biografischen Schreibens* heißt, dass die Gedichte, Lieder, Reime, Zeilen, die in jeder Biografie eine Rolle spielen, die eine Erinnerung besetzen oder ein Gefühl auslösen, als Schreibimpuls genutzt werden können. In jeder Sprache, im Sprechen, in jedem Dialekt, steckt das Lyrische, das Bildhafte, das Verspielte. La.le.lu, nur der Mann im Mond schaut zu. Zicke, zacke, Hühnerkacke." Ja, Hühnerkacke, das war es: Jan hatte sich immer noch nicht bei ihr gemeldet. So viel zu ihrer Biografie. „Mein Lachen, Liebster, ist dir nachgereist. Weil du nicht da bist, ist mein Herz verwaist." Die Zeile von Mascha Kaléko fiel Hannah spontan ein und sie massierte leicht den Druckpunkt an ihrem Schlüsselbein. Sie hatte die Enttäuschung noch nicht verwunden, verstand es bis heute nicht, warum Jan sich nicht meldete. Sollte sie dieses Gefühl wirklich als Schreibimpuls nutzen? Sie schüttelte den Kopf. Gab es nicht andere Gefühle außer Liebe, die inspirierten? Liebe war so oft mit Enttäuschung verbunden ... Was war mit guter, solider Freundschaft? Freundschaft, wie sie Robin ihr entgegenbrachte? Er war immer für sie da. Sie kritzelte seinen Namen auf das Papier, einen Buchstaben unter den anderen. Ein *Akrostichon* ... R wie rothaarig, O wie Ode, B wie Blödmann oder Bindung, I wie integer, intelligent und interessant. Integer passt am besten, das ist er wirklich ... N wie natürlich ... Ja, jetzt fielen ihr automatisch einige Zeilen ein. Ihr Stift flog auf einmal wie von selbst über das Papier.

EINE EROTISCHE ENTHÜLLUNG

Hannah betrat ihre Schöneberger Wohnung. Robin lag auf dem elfenbeinfarbenen Sofa, die schwarzbestrumpften Beine hatte er hochgelegt, und er blätterte in einem Magazin. „Hoffentlich will er mir nicht wieder diese ‚gay guys' zeigen", schoss es Hannah durch den Kopf. Sie fand Schwulenmagazine nur bedingt erträglich. „Hi Prinzessin", flötete Robin. „Ich wollte mir gerade einen Sherry gönnen. Essen ist in 20 Minuten fertig. Komm setz dich zu mir und erzähl, wie dein Tag war." Hannah ging ins Bad, warf einen Blick in den Spiegel, wusch sich die Hände und kam ins Wohnzimmer. Robin legte die Zeitung weg. „Weißt Du was?" Er war ganz aufgeregt. „Berenler ist gestorben. Seine Frau hat die lebenserhaltenden Maschinen abstellen lassen. Angeblich gab es keine Hoffnung mehr. Wird einiges *bei Movies Entertainment* verändern, wenn er ausfällt. Vielleicht bangt jetzt auch die kleine Erika um ihren Job?" Hannah sank auf das Sofa. „Das gibt es doch nicht? Himmel hilf! Wie ist denn das passiert? Gerade lief er mir noch beim Betriebsfest über den Weg, und nun ist er tot? Mein Gott, wie schnell es einen erwischen kann! Er musste ja nicht gleich sterben! Zeit zum Nachdenken hätte ich ihm gewünscht! Wann ist denn die Beisetzung? Ich lass morgen mal meine Kontakte spielen, ruf ein paar Leute an und finde noch mehr heraus." Sie setzte sich zu Robin, sichtlich erschüttert. Vor ihr stand ein zweites Glas Sherry. „Prösterchen, Prinzessin. Jetzt lassen wir mal das Drama ruhen und beschäftigen uns mit etwas Nettem." „Ach, du bist ein Schatz, Salut! Gesundheit sich zu wünschen, ist echt angebracht. Du verwöhnst mich schon wieder. Ich hätte mir sonst wahrscheinlich eine Kleinigkeit beim vegetarischen Imbiss geholt." Sie stießen an. „Erzähl doch mal, wie war es an der Uni? Hast Du wieder etwas Interessantes geschrieben?"

„Heute haben wir eine Stationen-Lern-Übung gemacht. Katrin Girgensohn hat uns angeleitet. Sie forscht gerade in den USA. Da sind sie mit den Schreibzentren an Universitäten viel weiter als bei uns. Für unseren Workshop bei ihr ist sie eigens eingeflogen! Es war sehr ergiebig. Wir sind von Raum zu Raum gezogen und überall waren Schreibübungen versteckt. Es war nett, kleine Texte zu schreiben, so genannte Miniaturen. Aber richtig in Fahrt gekommen bin ich erst, als wir zu ‚Berlin' geschrieben haben. Wir mussten uns als Studiengruppe auf EIN Thema einigen und aus all den Vorschlägen ging ‚Berlin' als Sieger hervor. „Wie viel Zeit hattet ihr dafür?" fragte Robin. „Na ja, wir brauchten eine Weile, bis wir uns geeinigt hatten. Aber die meisten waren dann für 20 Minuten. War zwar ein wenig knapp, aber durch die Verknappung der Zeit waren wir alle gezwungen, konzentriert zu schreiben. „Und, worüber hast DU geschrieben?" „Ich hab über die Berliner Musiktheater geschrieben. Kenne die Szene aus deinen Erzählungen ganz gut. Einen Moment lang war ich in Versuchung, über das ‚erotische Berlin' zu schreiben und alle mal richtig zu schockieren", meinte Hannah. Robin schmunzelte. „Na, solch einen Text aus deiner Feder hätte ich super gern gelesen." Auch Hannah musste lachen und bekam plötzlich ganz große Augen: „Weißt du was: Den schreibe ich dir jetzt! Ja, guck nicht so, das juckt mir gerade so richtig in den Fingern. Da kommt mir noch eine gute Idee. Was hältst du davon, wenn du auch so einen Text schreibst, aus deiner Perspektive – wie Berlin für Schwule ist! Nach dem Essen lesen wir uns dann die Texte vor!" Robin sah sie ein wenig erschrocken an: „Das ist doch nicht dein Ernst! Ich hab so etwas noch nie gemacht. Das geht nicht so schnell. Ich brauch dafür ein wenig länger." Hannah unterbrach ihn. „In 20 Minuten ist das Essen fertig, das reicht zum Schreiben. Danach machen wir eine Lesestunde mit Kerzenlicht, mit Musik und allem Drum und Dran. Komm, sei kein Spielverderber! Auf los geht's los! Bis gleich, Sweetie!" Sie lief in ihr Zimmer.

Gleich los schreiben, zwanzig Minuten sind nicht lang... Als sie ihre Tasche auf den Stuhl warf, kippte sie aus. Der Briefumschlag, den sie von ihrer Kommilitonin Nora erhalten hatte, rutschte heraus. Mit dem Fingernagel ratschte sie das Couvert auf. Sie war extrem neugierig darauf, was Nora geschrieben hatte. Als sie den Umschlag öffnete, staunte sie nicht schlecht: Nora hatte ihre Verlagskontakte spielen lassen und ihnen beiden einen Verlag besorgt, der Vertrag für ihr gemeinsames Buch lag bei. *„Wie Kreatives Schreiben beflügelt"* sollte im Herbst beim Schibri-Verlag erscheinen. Inhalt waren die Interviews, die Hannah in ihrer Bewerbungsmappe eingereicht hatte, ergänzt um weitere Gespräche mit Schreibprofis aller Couleur. Das bescherte Nora und Hannah viel Arbeit während des Studiums, aber auch die Chance, dieses Material nutzbringend für ihre jeweilige Masterarbeit verwenden zu können. Und falls sich das Buch gut verkaufte, brächte es Hannah einen willkommenen Zuschuss zu ihren Lebenshaltungskosten. Obwohl sie sich freute, reagierte sie ein wenig gedämpft. Die Nachricht von Berenlers Tod hatte sie erschüttert, und sie war sich im Klaren darüber, dass sie sich durch die Schreibspielchen mit Robin nur vom Nachdenken ablenkte. Verabredet ist verabredet! Jetzt musste sie losschreiben.

Als Hannah den Computer hochfuhr, fiel ihr ein, dass sie noch schnell das schwarze Kleid, das sie morgen tragen wollte, in die Wäsche werfen musste. *Mist!*, dachte sie, *das kostet mich jetzt zwei Minuten, die ich besser ins Schreiben investieren sollte ... aber bevor ich es vergesse und bis der PC hochgefahren ist ...* Sie lief schnell den Gang entlang. Aus Robins Zimmer klang Gemurmel. *Komisch – mit wem telefoniert er denn jetzt?* Sie ging näher an die Tür und lauschte. Robin hatte seine Stimme gesenkt, aber Hannah verstand ihn trotzdem. „Ja Piers, gleich. Ich brauch den Text in einer Stunde. Keine Ausrede, bis dahin sind wir mit dem Essen fertig und dann muss ich liefern ... Stell dir vor, ich und ein schwuler Text ..." Er lachte. „Ja, genau dafür brauch ich Dich. Los, nun mach schon! Du kannst das doch, das darf auch ruhig deftig werden, kannst ruhig mal tief in deinen ... nein, nein, ich meinte ‚Erfahrungsschatz' greifen ... Im Park? Na klar, der Tiergarten darf auch vorkommen, dein zweites Schlafzimmer, Piers, ich weiß. Es muss nur ... Wie lange sie schon glaubt, dass ich schwul bin? Na, ich bin mir sicher, dass sie das von Anfang an gedacht hat. Hab mir jedenfalls reichlich Mühe gegeben. Warum? Na, warum wohl, weil ich sonst nicht bei ihr hätte einziehen können, hab ich dir das nicht erzählt? Das war ihre Bedingung: Entweder Frauen oder Schwule. Wieso? Das weiß ich nicht genau. Vermutlich, weil sie von irgendeinem Typen versetzt und verletzt worden ist. Hannah fühlt sich nur bei schwulen Männern sicher." Er lachte und Hannah hörte für einen Moment nichts. „Nein, ich sag es ihr nicht. Sie muss selbst drauf kommen. Und du setzt dich jetzt hin und schreibst mir den Text. Die Komödie geht weiter!"

Hannah hörte, wie Robin sich verabschiedete und lief auf Zehenspitzen über den Flur in ihr Zimmer. Dort sank sie auf ihr Bett. *Robin **nicht** schwul? Himmel, das konnte doch nicht wahr sein?! Das änderte alles. Wie konnte sie nur so vertrauensselig sein?* Voller Scham dachte sie an all die Stunden, die sie an ihn gekuschelt auf dem Sofa verbracht hatte, all die intimen Geständnisse, alles, was sie ihm anvertraut hatte. Zugegeben, er hatte nie *gesagt*, er sei schwul, sie hatte es immer nur angenommen. Seine Eleganz, sein Geschmack, dass er so etepetete war beim Essen, seine ‚Beziehung', die kaputt gegangen war und unter deren Verlust er so litt – sie hatte immer angenommen, er trauere um einen Mann. Und überhaupt, er arbeitete doch an der Oper, und dort gab es doch fast nur Schwule! Oder war das ein Klischee? Langsam stieg die Wut in ihr hoch. *Na, wenn das so war, dann sollte er jetzt mal etwas erleben! Spielchen spielen konnte sie auch ... okay, die Komödie ging weiter!*

Hannah und Robin saßen sich gegenüber. Gerade hatte Robin seinen Text über das schwule Berlin gelesen. Hannah sah amüsiert, dass er beim Lesen leicht errötet war.

Als er hochblickte und ihre Reaktion zu erkennen suchte, mimte sie die Coole: „Robin, das ist ja wohl nicht wahr – im Park? All das hast du im Tiergarten erlebt? Am helllichten Tag? Meine Güte, hat man da keine Angst, erwischt zu werden? Da kommen doch Fahrradfahrer vorbei, an dieser Stelle, und ist da nicht ein Spielplatz in der Nähe? Himmel, stell dir mal vor, da guckt ein Kind durch die Büsche, während ihr es treibt?!" „Hannah, jetzt mach mal halblang. Spiel hier nicht den Moralapostel. Dein Text aus dem *Kit Kat Club* war auch nicht ohne. Wenn ich mir vorstelle, dass du mit deiner Freundin …" „Ich hab dir doch gesagt, dass wir da nur als Voyeure waren. Gemacht haben wir gar nix. Alles nur beobachtet. Was regst du dich überhaupt darüber auf? Irgendwie macht das keinen Spaß mit dir – anscheinend kann ich dir nichts wirklich Persönliches erzählen, ohne dass du mich kritisierst. Erst deine Kommentare zu meinem Job, dann zu meinem Sexualleben. Wo möchtest du dich denn noch einmischen?" „Hannah, komm mal runter! Du musst doch zugeben, dass meine Kommentare zu deinem Besten …" „Zu meinem Besten? Das hat mein Vater auch immer gesagt. Hör bloß damit auf …!" Hannah stand abrupt auf. „Ich habe den Eindruck, wir beenden in letzter Zeit jedes Gespräch mit einem Streit!"

ZUM SCHREIBEN ERMUTIGEN

Hannah und Natalja saßen beim Frühstück im *Qbini* in der Goltzstraße in Schöneberg. Morgens war es hier sonnig. Sofern die grauen Winterwolken die Sonne durchließen. Christopher, der junge Betreiber des *Qbini*, hatte ihnen die für sein Café typischen getoasteten Vollkorn-Quadrate gebracht, ein dunkles Brot, das, mit dem üppigen Belag gehaltvoll wie eine ganzes Frühstück war und so klangvolle Namen wie ‚Pfirsich-Melba' oder ‚Roma' hatte. Natalja sah sich die Speisekarte an, auf der in schönen Worten die *Qbinis* beschrieben waren. Sie bestellten jeweils drei Stück davon und plauderten, bis Christopher sie serviert hatte. „Wie lecker die wieder sind, nicht zu übertreffen!" Natalja nahm einen Schluck Kaffee, setzte die Tasse ab und schaute Hannah erwartungsvoll an. „Also Hannah, du guckst so, als wenn du was auf dem Herzen hättest, nur raus damit, ich bin ganz Ohr?" Hannah legte ihr angebissenes *Qbini* auf den Teller, tupfte sich mit einer Serviette den Mund ab und strahlte über beide Backen.

„Du weißt doch, wie wichtig das für mich ist, dass ich beruflich möglichst schnell wieder auf die Beine komme." „Klar, geht Jedem so." „Ja und? Täterä!

Den ersten Erfolg kann ich … Du wirst es kaum glauben, aber ich habe", Hannah klatschte in die Hände, „ich habe einen Buchvertrag ergattert, zusammen mit einer Kommilitonin." Natalja sah sie mit großen Augen an. „Is nich wahr? Wirst du jetzt Bestsellerautorin, oder was?"

Hannah winkte ab. „Nein, es ist nur ein Sachbuch zum Kreativen Schreiben. Beim Schibri-Verlag, das ist ein Fachbuch-Verlag spezialisiert auf Theaterpädagogik und Kreatives Schreiben. Es könnte der Einstieg sein. Mit dem Studium und dem Buch qualifiziere ich mich als Schreibberatungs-Expertin, und damit hab ich dann einen neuen Beruf." Natalja legte den Kopf schief: „Verzeih einer Ingenieurin, aber ich hab noch nie von so einem Beruf gehört. Was macht man denn da?" Hannah stöhnte. „Das ist das Problem in diesem Land. Deutschland ist so weit zurück! In England und USA ist definiert, dass Schreiben ein Handwerk ist und man es lernen kann, es üben muss wie einen Muskel beim Fitness-Training. Hier im Land der Dichter und Denker geht man davon aus, dass Schreiben ausschließlich eine Begabung ist, und wer die nicht hat, soll es bleiben lassen."

„Aha! Wieso das denn? Denke, das würde auch andere Leser interessieren. Sind es nicht nur die ‚Großschriftsteller', die diese Meinung vertreten?"

„Was ist denn in den USA und England anders? Wie trainiert man dort den ominösen Schreibmuskel?" Natalja verdrehte dramatisch die Augen und fasste sich an ihren angespannten Bizeps. Hannah musste lachen und schubste sie. „Du, das ist ein ernstes Thema. An den Unis bei uns gibt es viele Studienabbrecher, die am Schreiben scheitern, nur weil sie keine Beratung haben." Natalja grinste: „Du meinst: Keinen Ghostwriter, der ihnen die Arbeit schreibt?" Hannah verzog gequält das Gesicht, blieb aber ganz ruhig. „Schreibberatung hat mit Ghostwriting gar nichts zu tun. Der Ghostwriter erstellt einen Text für einen Klienten nach dessen Stichworten. Der Schreibberater bringt den Klienten in die Lage, den Text selbst zu schreiben." Natalja drehte an einer Haarlocke: „Und wenn der Student oder die Studentin aber nun doch unbegabt ist, ich meine, wie soll das gehen?"

Hannah schlug leicht auf die Tischplatte. „Also, ich hab dir doch gerade gesagt, dass das nichts mit Begabung oder Talent zu tun hat, zumindest nicht ausschließlich. In den USA gibt es zum Beispiel an jeder Uni ein Schreibzentrum, da kann man Kurse besuchen und sich auch persönlich beraten lassen. Und in Deutschland haben das mittlerweile auch einige erkannt, dass nämlich die Hochschulen am erfolgreichsten sind, die solch ein Schreibzentrum haben.

Da gibt es lange nicht so viele Studienabbrecher und die Bachelor- und Masterarbeiten lassen sich vermutlich viel besser lesen. Wenn ich daran denke, was ich mir damals noch zusammengeschustert habe. Der arme Prüfer! Aber, das werde ich alles noch genauer recherchieren. In ein paar Tagen habe ich einen Termin für ein Interview bei Franziska Liebetanz, der Leiterin des Schreibzentrums Frankfurt / Oder. „Ja und dann, dann willst du in so einem Schreibzentrum arbeiten, an der Uni, oder wie?"
„Ja, wieso nicht, vielleicht. Ich könnte mir aber auch vorstellen, in einem Unternehmen Technokraten wie dir beizubringen, wie man sich allgemein verständlich ausdrückt. Damit sie in der Lage sind, ihre wissenschaftlichen Texte in eine journalistische Sprache zu übersetzen, die auch Laien verstehen können. Oder ich mache mich selbstständig und berate unerfahrene Autorinnen und Autoren bei ihren Buchprojekten. Ich würde mit ihnen das Konzept durchgehen, sie beim Schreibprozess begleiten und vielleicht sogar die PR für ihre Bücher übernehmen. Ein Rundum-Paket, nicht nur für Erst-Autoren!" Hannah betrachtete die Passanten, sah dann in den blauen, wolkenlosen Himmel und meinte, dass es so viele Menschen gebe, die davon träumten, ein Buch zu schreiben, dass sich daraus doch was machen lassen müsse.

Natalja strich eine blonde Strähne zurück: „Ich muss zugeben, dass hört sich nicht schlecht an. Könnte ich mir auch für mich vorstellen, ich meine, wenn ich endlich mal ein Fachbuch vorlegen könnte, vielleicht über die Raumfahrttechnik, die beim Lasern verwendet wird. Was glaubst du, was die Kerle in meiner Abteilung für Augen machen würden. Besonders Dr. Müller, dieser Lackaffe! Wenn der mit seinem schneeweißen Kittel durch die Produktionshalle stolziert, dann trägt er seine Publikationsliste immer auf der Stirn mit sich herum. Es wäre super, wenn ich ein Fachbuch am Start hätte. Vielleicht hätte ich dann endlich mal den Fuß auf der Karriereleiter. Aber, ist das zu finanzieren?"

„Du bekommst natürlich Sonderkonditionen bei mir. Ansonsten muss ich den Stundenpreis relativ hoch ansetzen, weil darin auch die Vor- und Nachbereitung der Beratung enthalten ist. In der Regel reicht es aber, wenn man sich einmal in der Woche beraten lässt, oder nur alle vierzehn Tage. Es ist, als ob man jemanden an der Hand nimmt und begleitet. Falls du dich dafür entscheidest, musst du eben auf Kosmetik und Restaurant verzichten, bis das Buch fertig ist."

Natalja seufzte. „Das mit dem Geld würde ich schon hinbekommen. Aber wann, um Himmels willen, soll ich denn schreiben? Ich habe einen Vollzeitjob, Kinder, und einen Liebhaber, der mich fordert."
Hannah lehnte sich im Lounge-Sessel zurück:

„Oliver wohnt doch jetzt bei euch, oder nicht?"
„Ja sicher, wieso?"
„Na, der ist doch bestimmt sehr daran interessiert, mit deinen Gören noch besser klar zu kommen?"
Natalja nickte. „Siehst du, und wenn Oliver mit deinen Kindern im Zoo oder im Schwimmbad ist, dann kannst du schreiben. Glaub mir, da kommt einiges an Zeit zusammen, und wenn man sich erst mal drauf eingelassen hat, auf das Schreiben, dann kommt man sowieso nicht mehr davon los."
„Ach, ich weiß nicht. Du hast gut reden, du hast keine Kinder. Wenn ich mir vorstelle, dass Oliver ständig …"
„Jetzt denk auch mal an dich, Liebe! Das hast du die letzten zehn Jahre nicht mehr gemacht."
„Aber, das geht doch trotzdem alles nicht, ich muss doch auch noch …"
„An dich denken, an deine Karriere."

Hannah nahm ihre Hand.
„Also, ich finde, das ist eine tolle Idee. Wichtig ist, dass du von Anfang an ein Schreibjournal führst. Ein kleines Heft oder Büchlein, das du immer dabei hast und in dem du jeden deiner Einfälle notierst."

„Ja, interessiert mich schon sehr, wie das geht. Aber ich muss mir das natürlich noch überlegen, wenigstens eine Nacht drüber schlafen …
So, und nun wieder zu dir! Themenwechsel: Was

is mit die Kerle, he, ich brenne vor Neugier, Mädel? Hab gehört, du willst nach Teneriffa. Allein, oder zu zweit, oder zu dritt, na, wie viele nimmst du mit?"

BEGEGNUNG AM GRAB

Es war ein strahlend schöner Tag. Heiß brannte die Sonne auf den Vorplatz der Dahlemer Friedhofskapelle. Irgendwie war es grotesk, dass sie hier auf der Beerdigung vom Berenler stand. Eigentlich hatte sie mit dem Verein doch gar nichts mehr zu tun, und erst recht nicht mit dem Berenler. Dem hätte sie am liebsten jetzt noch die Kiste aufgeschraubt und eine runtergehauen. Wahrscheinlich bin ich hier, um herauszufinden, wer bei Berenlers Intrige die Mittäter waren, wer an seiner Seite stand und jetzt profitierte? Wenn ich mich umschaue, vermisse ich kaum einen der Kollegen von *Movies Entertainment*. Berenler am wenigsten. Na ja, dass er ermordet wurde, das war dann doch zu viel des Guten. Mitte Fünfzig war kein Alter, um zu sterben. Hoffentlich hatte er keine Kinder, das wäre hart. Hannah entdeckte die Witwe vor dem Portal der Friedhofskapelle. Sie trug ein schwarzes Chanel-Kostüm und einen schwarzen Hut mit Schleier. Um sie herum tummelte sich die ‚Crème de la Crème' der Firma. Rechts neben ihr stand Finanzchef Dr. Gabler, daneben die Wednarey, zu ihrer Linken der Vorstandsvorsitzende Müller-Lüdenscheidt, vermutlich mit Frau. Alle guckten vorschriftsmäßig traurig und würden doch schon in einer Stunde wieder ihre Mitarbeiter antreiben und anscheißen. Hannah war so froh, dass sie nicht mehr dazugehörte. Das war die beste Entscheidung ihres Lebens gewesen. Schon wie die da standen, so scheinheilig Trauer heucheln, als hätte es die ganzen Skandale, dieses Mobbing, die Intrigen nie gegeben.

Etwas abseits entdeckte sie die Sekretärin Frau Sonnenhof und ihre Kollegin, deren Namen sie schon nicht mehr wusste. Die Abgeordneten des Betriebsrats, Frau Scheibler und Herr Schlutzke. Direkt vor ihrer Nase stakste jetzt Erika vorbei, ihr verheultes Gesicht war hinter dem Taschentuch kaum zu sehen. Ja, ja, die hatte es besonders nötig. Hannah konnte dieses Schauspiel nicht mehr mitansehen. Sie ging ein paar Schritte zwischen den Gräbern spazieren und erinnerte sich, dass hier doch irgendwo Rudi Dutschke begraben lag. Sie ging ein wenig schneller und las im Vorübergehen die Grabsteine. Als sie vor dem Grab von Antje Weisgerber stand, erklang die Kapellenorgel. Hannah wollte sich beeilen, um noch einen Platz im Gestühl zu ergattern, als sie plötzlich ein wenig zusammensackte.

Schweiß stand auf ihrer Stirn, lief ihr den Rücken runter. Vor ihren Augen drehte sich alles. Sie wankte, taumelte ein paar Schritte zur Seite und fand zum Glück eine Bank im Schatten einer Kastanie.

Was war das denn jetzt? Hatte sie zulange in der Sonne gestanden? Als die letzten Besucher vorbei waren, legte sie ihre Beine hoch auf die Seitenlehne. Augenblicklich ging es ihr besser. Sie spürte, wie die Hitze in ihrem Kopf nachließ. Sie schloss für einen Moment die Augen.

Hinter ihr, zwischen den Gräbern, hörte sie schnelle Schritte im Kies. Sie drehte den Kopf zur Seite, blinzelte und sah, wie eine geduckte Gestalt mal zwischen den Grabsteinen auftauchte und dann wieder hinter Bäumen und Büschen Richtung Ausgang verschwand. Für einen kurzen Moment drehte sich der Mann zu ihr um und Hannah dachte, sie treffe der Schlag. Das Gesicht kannte sie doch, zumindest meinte sie es zu kennen.

„Jan?" rief sie so leise, dass es mehr ein Flüstern war. „Bist du das, Jan?" Der Mann aber war nicht mehr zu sehen.

UMSCHREIBEN

Hannah saß am Schreibtisch, wieder einmal. Die nächste Woche wollte sie zu Recherchezwecken für ihr Buch nach Teneriffa fahren, zu einem Schreibseminar von Ulrike Scheuermann, aber zuvor hatte sie noch Arbeit: Das Studium erledigte sich nicht von allein. Sie lief mehrmals zwischen Kühlschrank und Schreibtisch hin und her und holte sich mal Käse und Brot, mal Saft und Wasser. Aber jetzt war Schluss damit, jetzt würde sie schreiben. Während des Hin- und Herlaufens hatte eine Schreibidee in ihrem Kopf Gestalt angenommen.

Seit sie Jan auf dem Friedhof zu sehen geglaubt hatte, beherrschte er wieder ihre Gedanken. In den Monaten nach den beiden Begegnungen mit Jan hatte sie schon aufgegeben, ihn je wieder zu sehen, aber nun war die Sehnsucht nach ihm wieder aufgeflackert, und es machte sie nicht glücklich. Sie musste loskommen von diesen beharrlichen Phantasien. Da bot es sich an, ihn in einer Studienaufgabe im Modul ‚*Biografisches Schreiben*' zu verbraten. Sie musste nämlich über das Thema ‚Therapie' eine kleine Geschichte schreiben, mit den Wörtern „Scham" und „Glück" darin, das war die Vorgabe. Vielleicht konnte sie da ihren gesamten Gefühlshaushalt unterbringen, vor allem ihre Wut und ihre Ängste bearbeiten? So, wie sie es beim Intrigen-Drehbuchschreiben gelernt hatte. Ihr schwante eh, dass dieser „Clooney" möglicherweise ganz anders war, als sie ihn sich bislang erträumt hatte. Irgendetwas war schräg an ihm. In ihrer Schwärmerei hatte sie die Anzeichen nicht bemerken wollen, aber je mehr sie darüber nachdachte, fiel ihr auf, dass er sich zu ziemlich vielen Themen ausgeschwiegen hatte. Für ihren Job hatte er sich enorm interessiert, aber sonst? War er wirklich an ihr als Frau interessiert? Er war ein attraktiver Mann – das fanden bestimmt auch andere Frauen. Vielleicht war er umschwärmt ohne Ende und hatte jede Nacht eine Andere? Sie hatte plötzlich einen bitteren Geschmack im Mund. Es war jetzt endlich an der Zeit, diese Geschichte mit Jan schreibend zu verarbeiten. Das tat der Seele gut – und förderte den sprachlichen Ausdruck … Sie würde ein ‚worst case'-Szenario entwerfen und alle ihre Phantasien der letzten Wochen niederschreiben, denen sie sich verweigert hatte, die sie nur halb in ihr Bewusstsein gelassen hatte. Damit wäre sie diese Beziehung, die sowieso keine gewesen war, vielleicht endlich wieder los. Ihren Frust, dass er sich nicht meldete und ihre schon schmerzliche Sehnsucht und riesige Enttäuschung, all dieser ganze Ballast könnte verarbeitet werden … und wäre damit womöglich schon zu einem großen Teil bewältigt. Zumindest hatte das zuvor schon einige Male geklappt, als sie sich den Frust über andere unerfüllte Jugendlieben von der Seele geschrieben hatte.

Sie musste diesen Mann, dieses männliche Hirngespinst loswerden, ihn aus ihrem Kopf bekommen, so ging es nicht weiter. Mit ihr war alles in Ordnung, sie reagierte doch normal, oder? Mit IHM musste etwas nicht stimmen, wenn er ihr solche Avancen machte wie am Tag im Tunnel, im Stundenhotel Liebe mit ihr machte, dann einfach von der Bildfläche verschwand und sich nicht meldete. Oder war da womöglich etwas mit ihr selbst nicht in Ordnung? Reagierte sie vielleicht über, oder was? Hannah starrte den noch schwarzen Bildschirm an. Nein, nein, sie reagierte doch ganz normal. Es lag allein an diesem Freizeitgigolo, der ihr erst solche Avancen gemacht hatte und dann einfach untergetaucht war, wie ein Bankräuber oder Terrorist. Sie würde ihn als krank im Kopf beschreiben, als einen Borderliner, der zum Psychologen musste und knapp der Einweisung in ein psychiatrisches Krankenhaus entkam. Das würde ihr gut tun ... Hm, dann würde sie die Szene aber ziemlich genau beschreiben müssen. Sie hatte keine Ahnung, wie ein therapeutisches Gespräch wirklich verlief. Aber, Moment mal, hatte sie nicht gerade diese Serie auf 3Sat gesehen: *„In Treatment"*? Eine Serie aus Israel, in der ein Gesprächstherapeut, Paul Weston, unterschiedliche Patienten behandelt. Sie hatte die Sendung als spannend empfunden. Die menschlichen Abgründe, die sich über den Verlauf der Gespräche auftaten, waren faszinierend. Ob sie das verwenden konnte? Sie nahm einen Schluck Kaffee und starrte wieder auf den Bildschirm. Aber klar, die Idee war doch genial, genau das würde sie als Vorlage nehmen, da würde sie ihn reinschreiben, in eine Adaption einer „In Treatment"-Sendung. Das war das passende Setting für ihn, das geschah ihm Recht!

Sie begann DIE ÜBERSCHRIFT zu schreiben:

Wie Jan Reuter die Scham überwindet und endlich an seinem Glück arbeitet

Eine Hand öffnet eine weiße Gartentür aus Holz. Der Blick fällt auf ein Schild: Paul Weston, Gesprächstherapeut. Das Gesicht von Gabriel Byrne erscheint. In der Serie „In treatment", spielt er die Rolle des Therapeuten Paul Weston. Er hört das Geräusch der Klingel und blickt kurz auf und zum Fenster hinaus. Einen Moment lang bleibt er noch gedankenverloren am Schreibtisch sitzen, dann erhebt er sich, geht langsam den Raum entlang und öffnet die Tür. Mit seinem typischen Portierslächeln bittet er den Besucher herein. Ein Mann, Mitte bis Ende 30, groß, mediterran aussehend, tritt ein und legt Hut und Mantel ab. Erste silberne Fäden durchziehen sein schwarzes volles Haar. Er wirkt stattlich, wenn er sich zu voller Größe aufrichtet. Momentan hat er jedoch den Kopf etwas eingezogen. „Hallo, ich bin Paul Weston. Wir haben telefoniert." Paul Weston reicht ihm die Hand. „Sie sind Jan Reuter?" „Ja." „Treten Sie herein." Der Therapeut nutzt die Einliegerwohnung seines Hauses als Praxis. Jan steht mit hochgezogenen Schultern da und schaut sich unauffällig um. Anscheinend fällt ihm nichts ein, was er sagen könnte. Smalltalk scheint nicht seine Stärke zu sein. Paul Weston dirigiert ihn zu einem Sofa mit undefinierbarer Farbe: rotbraun mit gelbem Einschlag. Einmal hat eine Frau ihr Baby darauf verloren, der Fleck in der Mitte ist ausgewaschen, aber nicht ganz verschwunden. Darauf setzt sich Jan jetzt.

Paul Weston schließt das Fenster. Die Bewegung schiebt einen Hauch kühlende Sommerluft in das Zimmer. Schweigen. Weston setzt sich auf seinen Therapeutensessel aus braunem Leder. Er sieht seinen Besucher an, der die schwarze Mappe, die er mithat, betont langsam neben das Sofa zu seinen Füßen stellt. Jan beginnt zu sprechen:

„Ich haben diesen Termin mit Ihnen gemacht, weil es so nicht weitergehen kann. Keine Nacht schlafe ich durch. Ich trinke zu viel. Bald kann ich meinen Job nicht mehr bewältigen. Der Arzt, zu dem ich

wegen meines Hörsturzes kam, meinte, ich brauche zusätzlich zur medizinischen Versorgung noch eine Therapie. Er hat Sie empfohlen, Sie seien der Beste und in der Lage, auch mit einem Hochbegabten zurechtzukommen. 140, wissen Sie". Seine Schultern straffen sich, mit einem Mal sitzt er aufrecht da und kann Paul Weston endlich direkt ins Auge blicken.

Weston hebt fast unmerklich die Augenbrauen, als Jan von seiner Hochbegabung und seinem IQ spricht. „Bedeutet das, dass Sie nur auf Wunsch Ihres Arztes hier sind?"
„Nein, nein, ich möchte es auch. Denken Sie, es sei angenehm als zwei Personen durch die Welt zu laufen?!" Jan sah ihn herausfordernd an, seine Stimme hatte bei dem letzten Satz ein wenig gezittert.
„Wie meinen Sie das?" fragt Weston und neigt sich vor.

„Auf der einen Seite gelte ich als der talentierte Arzt, der Retter im weißen Kittel. Ausgezeichnet für außerordentlichen Mut und Kompetenz. Auf der anderen Seite: Das kann ich Ihnen gar nicht sagen. Nein, ich kann es Ihnen nicht erzählen."

Weston lehnt sich zurück, betrachtet seinen Besucher und legt die Beine übereinander. „Sie können es mir nicht sagen, weil sie es nicht wissen, wer Sie „auf der anderen Seite" sind, oder: Sie schämen sich?!"

„Ja", sagt Jan verblüfft. „Anscheinend schäme ich mich. Sehen Sie, ich war so lange ohne Gefühl ... Ich muss wieder lernen, wie man fühlt. Was sich gut und richtig anfühlt. So lange habe ich ein Doppelleben geführt ..." Er bricht ab.

Weston wartet, ob sein Klient den Gesprächsfaden von alleine wieder aufnimmt. Als er das nicht tut, ist er ihm behilflich und hakt noch einmal nach: „Ein Doppelleben?"

„Ja, wie soll ich sagen: am Tage war ich der Vorzeige-Arzt, der allen Konventionen folgte. Und bei Nacht" – er lächelt sarkastisch – „wurde ich zum Ungeheuer".

„Zum Ungeheuer? Das ist ein starker Ausdruck. Wofür steht das, ziehen Sie nachts durch die Stadt und schlachten Menschen ab?" Weston lächelt freundlich, um zu zeigen, dass er sich das ganz und gar nicht vorstellen kann. „Wie ‚American Psycho', die Figur von Bret Easton Ellis?"

Jan macht eine wegwerfende Geste, als seien die Untaten des Wall Street Yuppies und Mörders, Patrick Bateman, gar nichts im Vergleich zu dem, was er nachts bringt, und sagt langsam, mit zusammengezogenen Brauen und festem Blick auf Weston: „Nein, aber ich verführe Frauen. In Massen." Als er bemerkt, dass Weston etwas ungläubig guckt, fügt er hinzu: „Ich nehme eine andere Identität an. Und wenn Sie nicht glauben, dass ich Frauen verführe, dann setzen Sie sich mal ans Internet und flirten mit mir. Dann wissen Sie, wie es funktioniert – auch wenn ich kein George Clooney bin." Jan blickt Weston provozierend an. Er ist sich seiner Sache sehr sicher. Er weiß, wovon er redet.

Paul Weston beobachtet Jan jetzt ganz genau, dessen Oberlippe, die ein wenig zuckt, und lässt ihn nicht aus den Augen, während er sein Glas schwenkt. Die Eiswürfel klirren, dann schenkt er sich Wasser ein.

„So wie ich Sie verstehe, ‚daten' Sie Frauen über das Internet. Dabei nehmen Sie eine andere Identität an. Und da Sie es als Arzt gewohnt sind, mit Menschen zu kommunizieren, finden Sie die richtigen Worte, um Frauen eloquent zu beeindrucken. So weit richtig?" fragt Weston.

„Das haben Sie ganz richtig auf den Punkt gebracht, bravo", meint Jan. „Der Ablauf der Ereignisse funktioniert wie vorherbestimmt, auch wenn ich die Frauen zum ersten Mal treffe. Dank der Vertrautheit, die ich durch das Schreiben heraufbeschwöre und dadurch, dass ich Frauen zumindest sprachlich zu nehmen weiß, entsteht eine sexuelle Attraktion. Selbst

*wie ich aussehe, ist dann völlig egal. Sie sind im Gegenteil erfreut, dass der Kerl, der sie im Netz so angemacht hat, doch ganz passabel wirkt. Alles wird hoch projiziert. Und dann gibt es kein Halten mehr."
Jan lehnt sich zurück. Seine Augen glänzen.*

"Sie scheinen das Spiel ja zu genießen. Obwohl ich als Psychotherapeut und Mann immer noch nicht ganz kapiere, wie Sie da die Strippen ziehen. Sprachlich begabter Arzt hin oder her – was macht Sie so unwiderstehlich? Was erzählen Sie von sich?"

"Ich arbeite – arbeiten ist genau der richtige Ausdruck – mich in ihre Phantasien ein. Sie werden das hier in der Praxis ja Tag für Tag erleben, welche Phantasien in den Menschen stecken. Und ich tauche tief hinab in die Sehnsüchte der Weiblichkeit, ergründe ihre geheimsten Wünsche."

Weston lässt es erst einmal dabei bewenden. "Ist das dann der Grund, warum Sie nachts nicht mehr schlafen? Ihre sexuellen Encounter?"

*"Aber nein. Das habe ich für eine Weile lang sehr gut verkraftet. Ich war sogar so gut, dass keine Frau je etwas gemerkt hat".
"Was gemerkt, Herr Reuter?"
"Dass ich gleichzeitig mit manchmal sechs, sieben Frauen ein Verhältnis hatte."*

„Zu sieben Frauen hatten Sie mitunter gleichzeitig ein Verhältnis? Sie müssen doch irgendwann am Stock gegangen sein, das kann man doch nicht aushalten, Herr Reuter, ich bitte Sie …"

Weston kommentiert dieses merkwürdige Selbstverständnis nicht weiter. Er blickt einen Moment in die Ferne, dann sieht er Jan direkt an: „Aber, dann frage ich Sie, was da plötzlich geschehen ist, was dafür verantwortlich sein könnte, dass sich Ihre Lust so unmittelbar in solch eine somatische Belastung verwandelt hat. Ich meine, ich könnte Ihnen schon einen Grund nennen, würde es aber gern von Ihnen hören."

„Wenn Sie als Arzt von einer OP zur nächsten hetzen, dann fangen Sie manchmal schon morgens um halb elf mit dem ersten Sekt an. Und um abends zur Ruhe zu kommen, trinke ich nach dem Essen gern noch ein zwei Gläschen Rotwein, das mache ich schon immer so. Neu daran ist aber, dass ich seit kurzem auch noch Whiskey trinke, um schlafen zu können. Wissen Sie, ich mache sonst kein Auge mehr zu, Herr Weston, und selbst mit Whiskey schlafe ich höchstens drei vier Stunden, ohne aber gar nicht mehr, verstehen Sie? Ich kann nicht mehr, Herr Weston."

„Das ist mir bekannt, Herr Reuter, dass Chirurgen unter einem enorm hohen Druck stehen, da sind Sie

nicht der einzige. Alkohol aber, das wissen Sie sicher selbst, ist die schlechteste Lösung. Sie gefährden nicht nur sich selbst, sondern auch das Leben Ihrer Patienten, Herr Reuter...."
Weston lässt sein Gegenüber jetzt nicht mehr aus den Augen. Er versucht sich von diesem Mann ein Bild zu machen ...
Jan seufzt: "Selbstverständlich, ich weiß, Sie haben da vollkommen recht, Herr Weston. Mein Hausarzt hat mir auch schon eine Therapie gegen die Sucht vorgeschlagen. Aber er hat mir auch dringend geraten, mich an einen Psychiater zu wenden, ansonsten ..."

„Gut, Herr Reuter, dann plaudern Sie doch jetzt bitte einfach mal drauf los, so dass ich mir ein Bild machen kann, und bitte, ohne groß zu überlegen, ohne Scham, und Sie sagen mir, wie es dazu gekommen ist, dass ..."
„Herr Weston, ich könnte hier stundenlang erzählen, ich weiß gar nicht wo ich anfangen soll."
„Also gut, dann machen wir es so: Sie erzählen mir nur von dem Zeitpunkt ab, da Sie zu trinken begonnen haben".
„Trotzdem komme ich nicht drauf, was es ist, das mir zu schaffen macht."
Jan schüttelt verwundert über sich selbst den Kopf.
Weston lässt ihn nicht aus den Augen.

„Machen wir es so: Sie erzählen mir jetzt, was Sie für wichtig halten.
Was ist Ihnen in letzter Zeit passiert? War da etwas anders als sonst?"
Als Weston sich zurücklehnt, steht Jan auf, balanciert von einem Bein auf das andere und fragt im Ton eines kleinen Jungen: „Darf ich mal Ihre Toilette benutzen?"

Weston springt auf und zeigt ihm die Tür zur Toilette und den Lichtschalter innen. Während er auf seinen Patienten wartet, geht er zu dem Modell eines Segelschiffs, das auf einem kleinen Tisch steht und streicht über die Segel. Er hört die Klospülung, den Wasserhahn, etwas fällt scheppernd auf den Boden. Dann öffnet sich die Tür und Jan stolpert über die kleine Schwelle und kann sich gerade noch an der Türklinke ausbalancieren. Weston fragt sich unwillkürlich, was Frauen an diesem zwar gut aussehenden, aber auch so fahrig wirkenden Mann finden.

Während Paul Weston zu seinem Sessel zurückgeht und sich setzt, stellt Jan sich vor dem Fenster auf und sieht hinaus. „Es begann letzten November", sagte er. „Da habe ich sie kennengelernt. Sie war anders. Sie war nicht auf Sex aus, sondern sie hat sich wirklich in mich verliebt. Obwohl ich mich ziemlich daneben benommen habe, um nicht zu sagen, beschissen verhalten habe, das hatte sie nicht verdient. Ganz im Gegenteil …"

Er dreht sich zu Weston um: „Im Grunde bin ich ein Versager. Ich habe mich so lange hinter meiner Fassade versteckt, bis diese ein Teil meines Lebens geworden ist. Ich war immer ein unsicherer Mensch, bis ich entdeckt habe, was ich über Worte erreichen kann und dass meine Art zu reden ganz besonders bei den Frauen ankam. Ja, und dann war schließlich der Sex für mich die Bestätigung, oder, ich sag es mal so, die vielen Frauen haben mich endlich zu einem selbstbewussten, vermeintlich selbstbewussten Menschen gemacht. Der Sex war da eigentlich gar nicht so wichtig, Herr Weston. Und den Frauen ging es womöglich ähnlich, habe ich mir zumindest eingeredet. Sie hatten einen erfolgreichen Chirurgen im Bett, jemanden mit Geld, der sie in die entsprechenden Lokale ausführt usw. Ich habe mir gesagt, eine Hand wäscht die andere …"

Er sieht Weston mit gerunzelten Augenbrauen an: „Vermutlich werden Sie mich gleich nach meiner Kindheit fragen. Ersparen Sie mir das bitte. Aber glauben Sie: Sie war glücklich. Ich hatte eine absolut glückliche Kindheit, keine Probleme, alles in Ordnung …" Er klopft mit dem Fuß auf den Boden und bewegt sich wieder auf die rostrote Couch zu, in die er sich fallen lässt, als hätte er sich einer ersten Last entledigt.

Paul Weston nimmt den Faden wieder auf. „Sie sagten, Sie hätten eine Frau kennengelernt, die anders war". Jan huscht ein Lächeln über das Gesicht. „Na ja, komplett anders war sie nicht. Sie war genauso schnell eine Beute für mich wie alle anderen auch. Das hab ich einfach drauf, und die war schon am ersten Abend so weit, dass ich sofort, noch hinten auf der Toilette hätte ..." „Ersparen Sie mir das, Herr ..." „Na, jedenfalls kenn ich die Masche, die bei Frauen wirkt, habe ich Ihnen ja schon gesagt." „Ja, das haben Sie, sehr deutlich"

„Man muss nur die Hebel kennen, die man umlegen muss. Schon bei dem dritten Treffen war sie dann so butterweich, dass sie mich wohl auf der Stelle geheiratet hätte. Zumindest sprach sie schon von einer festen Beziehung, von einer gemeinsamen Wohnung. Obwohl sie nun gar nicht so die 08/15-Frau ist, wie man jetzt denken könnte. Eigentlich ja eine verrückte Nudel, wenn ich daran denke, wie sie ... Sie war inmitten ihrer Testphase mit Männern. Nannte sich Lulu – in Wirklichkeit heißt sie Hannah – und suchte das Abenteuer ..." Er schlägt die Hände über dem Gesicht zusammen. „Aber dann kommt ein langweiliger, solider Arzt wie ich und sie schwört allem ab, was ihr bisher wichtig gewesen

ist. Wird sozusagen bürgerlich ..." Jan schüttelt den Kopf.

Weston greift ein: „Und Sie? Was haben Sie dabei gedacht? Wie haben Sie reagiert?"
Jan: „Ich habe mir belustigt und manchmal gerührt angesehen, was für Kapriolen sie schlägt."
Weston: „Was ich gerne wissen würde: Haben Sie sich nun anders verhalten als sonst, oder haben Sie immer noch anderen Frauen getroffen. Hatten Sie weiterhin andere Beziehungen?
Jan: „Was denken Sie, ich habe weiter ... – bis" – er unterbricht.
Weston: „Bis was?"
Jan: „Bis sie mir eines Abends erzählt hat, was sie in der Nacht zuvor geträumt hatte. Und das war wirklich erschreckend, ja geradezu grauenvoll. Sie hat nämlich genau das geträumt, was ich am Vorabend erlebt habe. Das hat sie mir alles haargenau erzählt, jedes Detail, die Haarfarbe der Frau, ihr Grübchen unter dem Kinn, ihre Kleidung ..."
„Bitte? Sie hat die Frau geträumt, die sie getroffen haben?"
„Ja, das sag ich Ihnen doch. Und sie hat alles geträumt, wirklich alles ..."
„Meinen Sie nicht, dass Sie die Frau vielleicht beobachtet hat, dass sie Ihnen nachgegangen ist?"
„Herr Weston, ich sag es noch mal: Sie hat alles gesehen, alles, wie wir im Hotel im Bett gelegen

haben, wie die Frau sich geduscht hat usw. Das kann Hannah unmöglich beobachtet haben."
„Na gut, dass sind aber alles auch Dinge, die sich bei uns Menschen nicht allzu sehr unterscheiden. Das kann sie sich also auch ausgedacht haben, um Sie zu prüfen …"
„Aber Herr Weston, ich will es noch mal betonen, sie hat jedes Detail gewusst, oder geträumt, sogar die Farbe der Bettwäsche hat sie gesehen!"
Westons Miene erstarrt zu einem Pokerface. Er überlegt einen Augenblick und fragt dann: „Wie haben Sie reagiert?"

Jan: „Ich habe natürlich ihre übersteigerte Phantasie belächelt. So, wie man eben reagiert, wenn man als Mann erwischt wird und es nicht zugeben will. Habe ihr erzählt, ich hätte beruflich zu tun gehabt. Ihr Traum sei eben nur ein Traum gewesen, habe nichts mit der Realität zu tun und sie solle sich ihr hübsches Köpfchen nicht zerbrechen. Aber glauben Sie: Es hat mich Mühe gekostet. Ich bin ein guter Lügner – sonst."

Weston: „Wann haben Sie diese Lulu-Hannah zuletzt gesehen?"
Jan: „Wir waren gemeinsam in Ahrenshoop. Sie hat mich überredet, dorthin zu fahren. Ich hatte mir vorgenommen, dort mit ihr Schluss zu machen. Aber es ging nicht. Irgendwie ging es nicht." Jan fährt

sich mit der Hand über die Stirn. "Sie hat mich zu so einer alten Schriftstellerin gebracht, die dort lebt und auch die Nachkriegszeit dort verbracht hat. In einer Art verwunschenem Haus mit Zaubergarten. So kam es mir vor. In der Nacht hatte Hannah dann ein ‚déjà vu': Ihr träumte von einer Frau, die sich im Schrank versteckte, als die Russen einfielen. Und dadurch knapp einer Vergewaltigung und womöglich auch dem Tod entging. Also, was sie mir da erzählt hat …, und vor allem, wie sie mir das erzählte, das ist mir wochenlang … nicht mehr aus dem Kopf gegangen, bis heute nicht. Jan hebt den Kopf und starrt aus dem Fenster, als könnte er dort die Frau aus dem Schrank sehen.

"Und dann sagte sie mir noch etwas, an das ich ständig denken muss. Es ist unsere Zeit jetzt, sagte sie. Lass sie uns leben." Er wendet sich Weston zu. "Herr Weston, Sie glauben nicht, wie überzeugend Hannah sein kann. Sie hat eine solche Leidenschaft in sich, wenn sie für etwas brennt und sich begeistert – das lässt … ja, das hat mich nicht unberührt gelassen …"

Weston: „Sie hatten mit vielen Frauen zu tun. Ist Ihnen das nicht zuvor schon mal so gegangen?"

„Jetzt fällt es mir wieder ein, was ich zu ihr gesagt habe, im Garten, als es kühl wurde, kurz bevor wir nach oben gingen: „Du hast die warmen Hände *meiner Mutter. Ja, das habe ich zu ihr gesagt. Das habe ich noch nie zuvor zu einer Frau gesagt."*

Weston dreht seinen Kugelschreiber zwischen den Fingern. In seiner Praxis ist es plötzlich so still wie in einer jahrhundertealten Gruft. Er weiß, dass er seinen Patienten jetzt besser nicht ansprechen sollte, wenn er bei ihm noch weitere verborgene Schichten freilegen will.

Jan wie zu sich selbst: „Ich habe meine Mutter mit 14 verloren", sagte er mehr zu sich. Er dreht sich Weston zu: „Wissen Sie, sie hat mich und meine Schwester allein zurückgelassen. Aber: Hannah hat die Hände meiner Mutter ... Wie sie mich angesehen hat, als ich das sagte ..."

Weston räuspert sich. „Wenn Hannah eine derart hellsichtige Frau ist, wie Sie sie beschreiben, Herr Reuter, dann wusste sie, was Sie in diesem Moment sagen wollten."
Jan fährt hoch. „Was wollte ich denn sagen?"

„Ich glaube, ich gehe nicht zu weit, wenn ich Ihnen zum Abschluss dieses Gespräches sage: Mir scheint, Sie haben sich verliebt. Und zum ersten Mal seit dem Tod Ihrer Mutter können Sie ein solches Gefühl zulassen. Wenngleich Sie noch heftig mit sich ringen, ob Sie es auch auf Dauer zulassen werden."

Jan springt aus dem Sessel und sieht aus wie vom Donner gerührt.

„Das macht dann 150 Dollar, Herr Reuter. Kommen Sie ... nächsten Mittwoch wieder, gleiche Zeit. Wir machen da weiter, wo wir heute aufgehört haben. Es gibt viel zu tun!

Hannah speicherte die Datei und schloss sie mit einem Lächeln.

MONDSCHEINGEFLÜSTER IM JARDIN TROPICAL

Mit Robin im Schlepptau betrat Hannah die Eingangshalle des Hotels *Jardin Tropical* auf Teneriffa an der Costa Adeje. Wie eindrucksvoll! Als seien die Palmen und der Bentley auf dem Vorplatz nicht genug, Marmorfußboden, Holzbalken, das Licht, das durch die Fenster drang und der Blick durch große Türen auf blauem Himmel und einen tropischen Garten. Entspannte Gäste in den Loungesesseln, viele kleine Sitzgruppen aus Leder oder hochwertigem Stoff. Sie hatte als Teilnehmerin des Seminars: „So werden Sie Sachbuchautor" einen guten Preis für das Vier-Sterne-Superior-Hotel ergattert. Robin hatte Hannah auf die Idee gebracht, aus beruflichen Gründen der Sachbuchautorin Ulrike Scheuermann hinterherzureisen. Hannah wollte sie im Rahmen des Workshops interviewen. Robin, der sich eh einen Urlaub gönnen wollte, begleitete Hannah und finanzierte den Großteil der Reise. Hannah ließ sich das gefallen, weil sie das Gefühl hatte, er schuldete ihr eine Wiedergutmachung. Die letzten Bedenken hatte sie beim Gedanken an ihr Buch weggewischt: Die Reise war für einen guten Zweck. Das Interview würde von der romantischen Atmosphäre im Hotel profitieren, und das Fachwissen aus dem Workshop würde für das Buch sicher von großem Vorteil sein. Das ganz in blau-weiß gehaltene Hotel sollte im Sommer 2012 total renoviert werden, aber es wirkte jetzt schon wie in einer gut ausgeleuchteten Raffaelo-Werbung. Eine charmant lächelnde blonde Rezeptionistin mit dem Schild ‚Sandra' am Revers, übergab Hannah ihren und Robins Pass. Schon in Vorfreude lauschte sie Sandras Ausführungen, die ihnen bei einem Glas Sekt erklärte, welche Restaurants auf dem Gelände abends geöffnet waren.

Wenig später hatte sie mit Robin die Junior Suite *Las Adelfas 22'* bezogen. Sie zog die beiden durch eine Schiebetür getrennten großen Räume zur Straße hin einem Doppelzimmer mit Meerblick vor, weil sie vor Robin dann sicher war. „Getrennt von Tisch und Bett…", dachte sie zerstreut. „Guck mal Robin, ein begehbarer Schrank!" staunte sie, als sie die in den Farben Grün und Weiß gestaltete Suite inspizierte. Wie selbstverständlich hatte Robin ihr das Schlafzimmer überlassen, das von einem Kingsize-Bett mit Kissen in drei verschiedenen Größen beherrscht wurde. Hannah hatte ihre Reisetasche auf dem zusätzlich aufgestellten Bett im Wohnzimmer abgestellt, was Robin mit einem Stirnrunzeln quittierte. Schnell warf Hannah einen seidig glänzenden Schlafanzug auf das Riesenbett, um es mit dieser Geste in Besitz zu nehmen und räumte den Inhalt ihrer Tasche in Windeseile in die Schrankfächer des Ankleidezimmers, das gegenüber dem Bad lag und in etwa die gleiche Größe hatte. „Mach dich ruhig frisch, ich treffe dich oben auf der Terrasse". Robin zog sich zurück. Hannah nickte und hängte im begehbaren Schrank ihre Kleider auf.

Es war schon dunkel, als Hannah die Terrasse betrat. Einen Moment lang war sie wie geblendet. Weiße Sofasitzecken, weiße Tischchen mit filigranem Flechtuntersatz, auf denen flaschenförmige weiße Lampen standen. Hannah erwartete jeden Moment, dass ein Dschinn, ein Flaschengeist, in weißem Rauch heraussteigen könnte.

Die Terrasse war voller Gäste. Eine Gruppe deutsch sprechender junger Frauen, alle mit Namensschildern ausgestattet, trank im an den Park grenzenden Bereich Cocktails. Sie tranken und spielten mit ihren Handys. Der Himmel war dunkel, der Mond sichelförmig. Hannah stutzte: Der Mond schien zu liegen, er stand nicht – *Huch, war sie so weit weg von zu Hause?*

Sie riss sich los von diesem Anblick, der so magisch war und in ihr eine Sehnsucht auslöste, in der sie sich alleine nicht genügte. Sie schaute sich nach Robin um. Auf der vollen Terrasse fiel es ihr schwer, Robin zu finden. Dann entdeckte sie eine kleine Gruppe etwas abseits. Robin saß neben einem schlaksigen Mädchen, das ungefähr zwölf Jahre alt war. Sie trug ein blau-weiß-gestreiftes Kleid und die langen Beine steckten in einer weißen Strumpfhose. Beide schauten fasziniert einem schwarz gekleideten Tischzauberer zu, der die beiden mit einem Kartenspiel unterhielt. Beide lachten und klatschten.

Robin blickte hoch, entdeckte Hannah und winkte sie heran. „Hannah, darf ich dir Rosa und Stephen vorstellen? Rosa ist mit ihren Eltern hier und hat sich den ganzen Abend gelangweilt. Bis eben, nicht wahr Rosa, jetzt ist es nicht mehr langweilig, oder?" Rosa lächelte. „Das war wirklich toll. Ich hab meinen Namen auf eine der Karten geschrieben, aber die Karte taucht überall wieder auf, da, wo man sie am wenigsten erwartet! Und Münzen kann er auch verschwinden lassen!" Rosa lächelte Hannah strahlend an. Stephen erzählte Hannah, dass er jeden Dienstag und Donnerstag hier im Hotel sei – ein Service für die Gäste – und dass er auch schon in Las Vegas und Los Angeles aufgetreten sei. Sie staunte nicht schlecht, als Stephen plötzlich ihre Armbanduhr aus seiner Tasche zog und fragte, ob sie ihr gehöre …

Zum Abschied schenkte ihr Stephen einen Gutschein, der sich, als sie ihn anfassen wollte, in einen 20-Euro-Schein verwandelte. Sie war froh über die

Gesellschaft des Mädchens, weil ihr das hier alles viel zu sehr nach Romantik roch. Die warme Luft im tropischen Garten, und Robins gut gebauter Körper unter der liegenden Mondsichel. Das wollte sie unbedingt vermeiden, dass sie womöglich noch … Bei dem Gedanken wurde ihr ganz heiß. Doch als sie Robin so von der Seite betrachtete, da sah sie plötzlich Jan dort sitzen. Es war ihr, wie ein Stich ins Herz … Ach, wie schön das wäre, wenn er jetzt hier neben ihr sitzen könnte. Der Mann, den sie liebte, der ihr keine Komödie aufführen würde, der sie gerade jetzt in die Arme nehmen und … „Rosa, wo wohnst Du in Berlin?" wandte sie sich an das Mädchen. „Berlin Westend, in der Ulmenallee!"

Hannah erfuhr, dass Rosa nur ‚gezwungenermaßen' in dieses Luxusressort mitgekommen war. Ihre Eltern waren Konzertmanager und verhandelten mit den Kulturzentren in Adeje und Santa Cruz, um ihnen ihre Kulturprogramme samt Künstler anzubieten und im Gegenzug spanische Künstler für Gastauftritte nach Deutschland einzuladen. Rosa war sauer. Sie wäre viel lieber mit ihren Freunden in Berlin geblieben, keiner sei in der ersten Ferienwoche verreist, nur sie habe sich gerade mal noch ihr Zeugnis abholen dürfen und dann habe sie auch schon im Flugzeug gesessen, während all ihre Freunde in die Eisdiele gegangen seien.

Nur aus einem Grund sei sie dann doch mitgegangen ... Rosa stockte und sprach nicht weiter.
Hannah schnaubte innerlich ob des vielen pubertierenden Überdrusses. Sie selbst war mit ihren Eltern immer nur einmal im Jahr verreist, und da hatte sie noch Glück, wenn es alle Jubeljahre mal ins Ausland ging, dass dann aber immer Österreich hieß. Rosa dagegen jammerte, dass sie zu jeder Ferienzeit verreisen und jedes Mal in Hotels wohnen musste, wo es fast nur Erwachsene gab. Um 22 Uhr erhielt Rosa einen Anruf ihrer Eltern auf dem Handy und erklärte schmollend, dass sie jetzt auf ihr Zimmer müsse. Obwohl Hannah das Mädchen für leicht versnobt hielt, mochte sie Rosa und schlug ihr ein Treffen am nächsten Tag vor.

Nun war sie mit Robin allein auf der nur von den weißen Bodenlampen erleuchteten Terrasse. Sie warfen ein mildes Licht in die Nacht und legten über die Terrassengäste einen zarten Schleier aus beigem Chiffon. Mittlerweile waren fast alle Sofas besetzt. Manche Gäste räkelten sich entspannt in den Kissen, andere hielten Händchen und sahen verliebt in den glasklaren Sternenhimmel. Im Hintergrund war der verführerische Klang eines Saxophons zu hören.
Hannah verfluchte jetzt ihre Sparsamkeit, der sie maßgeblich verdankte, dass sie mit Robin ein Zimmer teilen musste. Es sind immerhin zwei Zimmer, eine Suite, und ich kann die Holztür zwischen den

Zimmern einfach zuschieben, dachte sie erleichtert. Warum ist Robin plötzlich so eine Bedrohung für mich, nur weil er nicht mehr schwul und damit unberührbar ist? Sie musterte ihn. Verglichen mit den anwesenden Männern auf der Terrasse machte er gar keine schlechte Figur. Sie bemerkte, dass eine Frau am Nachbartisch ihn immer wieder anblickte, die Hannah zur Gruppe der ‚Edelkosmetikerinnen' zählte. Anscheinend führte auch Chanel hier einen Workshop durch. Blond, professionell geschminkt, im blauen Kleid. Was fand sie nur an Robin? Hannah schreckte allein schon vor seiner Haarfarbe zurück: Erdbeerblond. Selbst die Wimpern glänzten wie Warnleuchten und auf seinen Armen schimmerte das gebleichte Fell eines Fuchses. *Nein, das war nicht ihr Typ, so ganz und gar nicht ihr Typ, nein, nein…* Sie sprang auf und wollte jetzt einen Mann wie Jan, einen dunkelhaarigen, mediterranen Typen, der etwas Geheimnisvolles hatte und nicht dasaß wie eine Offenbarung und sein Herz in den Händen hielt wie eine Monstranz. Doch als Robin gerade in diesem Moment das Lächeln der Kosmetikerin erwiderte, da durchfuhr es Hannah wie ein Blitz. Ohne weiter darüber nachzudenken, ergriff sie seine Hand und fuhr mit Zeige- und Mittelfinger zärtlich über seine schmalen Finger. Amüsiert stellte sie fest, dass seine rotblonden Haare auf dem Arm wie elektrisiert in die Höhe schossen. *Ach, er reagierte auf sie? Bekam eine Gänsehaut, wenn sie ihn be-*

rührte? Ach, da war also doch was, eine direkte Reaktion auf ihre Berührung, das war neu. Sofort meldete sich das kleine Teufelchen in ihr, das seit ihrer Entdeckung, dass Robin nicht schwul war, immer auf ‚standby' stand. Bereit, loszuspringen und Faxen zu machen.

Sie griff seine Hand fester und näherte sich seinem Gesicht: „Darling, wollen wir noch ein wenig im tropischen Park wandeln und uns eine nette Ecke suchen?" hauchte sie ihm ins Ohr. Robin musterte sie argwöhnisch. Hätte er gesehen, wie Hannah triumphierend die andere Frau anblitzte, die verschämt zur Seite sah, wäre ihm klar geworden, welches Spiel Hannah spielte. So aber ließ er sich gern an die Hand nehmen und von Hannah durch die Lobby in den mit Dattelpalmen, Mangroven und Bananenstauden bewachsenen Garten ziehen. Hannah ließ gleich wieder los, sobald sie aus dem Blickfeld der Blonden waren. Während Robin sich jetzt natürlich ermutigt fühlte und seinen Arm mit dem erdbeerblonden Fell um Ihre Hüfte legte. Hannah ließ ihn gewähren, steuerte aber eine Brücke an, die über den Pool durch den tropischen Dschungel führte. Auf einer Insel inmitten des von Palmen umwachsenen Beckens standen zwei weiße Bänke, deren Beine aus verschnörkelt geschmiedetem Metall waren. „Hier, setz dich mir gegenüber, dann können wir uns besser unterhalten!" Robin zögerte einen Moment, dann ließ er Hannah los. „Hannah …", begann er. „Das Hotel ist wirklich traumhaft, findest du nicht?" unterbrach sie ihn. „Ist wie eine Oase im Remmidemmi der Insel. Wirkt arabisch, aber nicht arabisch trocken, sondern arabisch-tropisch", plapperte sie vor sich hin. Sie sah sich um. „Obwohl mich die Gebäude drum herum, das Holz und die reetgedeckten Dächer – oder ist das Bambus – eher an Bali erinnern. Hab ich hier nicht irgendwo einen hölzernen Buddha gesehen? War das am Eingang zum Wellness-Bereich? Komm, wir sehen uns noch ein wenig um!" Hannah bereute das jetzt, dass sie ihn so angeturnt hatte und plapperte und plapperte und merkte erst gar nicht, wie sich seine Hand längst wieder auf die ihre gelegt hatte. Erst spät, wahrscheinlich viel zu spät, zog sie ihre Hand langsam zurück. Sie erschrak über sich selbst. *War da womöglich doch was?* Es war so seltsam: Jan hatte ihr von Anfang an imponiert, aus dem Bauch heraus gefallen. Er hatte eine Aura des Geheimnisvollen um sich. Robin war dagegen nur ein guter Freund, dem sie vertraute. Mit dem sie lachen und Blödsinn machen konnte, der immer sehr aufmerksam und wie – ja, fast wie eine Freundin gewesen war. *Wieso hatte er sie nur so hinters Licht geführt? Es war an der Zeit, mit den Spielchen aufzuhören, sie war zu empfindlich geworden.* Auf der Brücke zum Ufer fuhr sie herum, sodass er fast in sie hineinlief, und giftete ihn an: „Glaub nicht, dass ich dir deine Heimlichtuerei verziehen habe.

Ich bin sauer, immer noch stocksauer. Ich werde das nicht so einfach vergessen können, dass du mich monatelang an der Nase rumgeführt hast, dass du mich, ja, man könnte schon sagen, regelrecht betrogen hast." Robin nahm ihren Ausbruch mit versteinerter Meine hin. Ein eng umschlungenes Paar kam ihnen entgegen. Als es außer Hörweite war sagte Robin:
„Du könntest es auch anders sehen. Ich habe dich nicht belogen. Du könntest es nämlich auch als Kompliment sehen, dass sich ein Hetero als Schwuchtel ausgibt, nur ... um in deiner Nähe zu sein? Vielleicht solltest du die Kriterien für deine Männerauswahl mal überdenken und dich nicht immer Männern an den Hals werfen, die es weder gut mit dir meinen, noch gut für dich sind! Ich kenne Typen wie diesen Jan. Ich weiß, welche Art Mann das ist. Hannah, Du bist verblendet!" Im ersten Augenblick war Hannah sprachlos aufgrund dieses Geständnisses. Den Angriff auf Jan wollte sie aber nicht zulassen. „Jetzt gehst du aber zu weit", keuchte Hannah, drei Stufen der Treppe auf einmal nehmend. Meine Männerauswahl geht dich gar nichts an!"

Sie ließ die Check-in-Karte durch den Türschlitz gleiten. Die Tür öffnete sich mit einem Klicken. „Gut, dass wir mal drüber gesprochen haben, dann ist das jetzt ja klar! Gute Nacht noch!" Sie ließ Robin in der Eingangstür stehen und entschwand in ihrem Schlafzimmer, knallte die Schiebetüren wie zwei Becken aneinander, so dass es über die ganze Etage schallte.

SCHWIMMEN

Am nächsten Morgen war Hannah schon um sieben Uhr auf und schlich sich an Robins rotem Schopf vorbei. Sie zog im begehbaren Schrank ihren Badeanzug an, warf den weißen Bademantel drüber, um ein paar Runden im beheizten Pool zu schwimmen. Es wurde langsam hell. *War sie die einzige Schwimmerin? Wie erfrischend!* Als Hannah unter der Brücke durchschwamm, entdeckte sie eine andere Frau, die in aller Ruhe ihre Runden drehte. Nachdem Hannah zweimal hin und her geschwommen war, wurde ihr kalt. *Aber da war doch der Wasserfall! Dort konnte sie sich unterstellen, wie bei einer Therme kam dort warmes Wasser von oben.* Hannah stellte sich unter und beschloss, den Tag heute genau hier zu verbringen, sich keinen Schritt mehr wegzubewegen. Es war einfach zu angenehm. Hannah sah, wie die andere Frau auf sie zu geschwommen kam. Sie hielt ihr Kinn und die rot geschminkten Lippen hoch über der Wasserkante, so dass ihr Kopf mit der türkisblauen Bademütze wie eine schwimmende Blumenvase aussah. Die Frau stellte sich jetzt neben Hannah unter den Wasserfall. Und während die Dame ihre Badekappe zurechtzupfte, bewunderte Hannah ihre äußerst gepflegten Fingernägel. Selbst die Fußnägel unter Wasser leuchteten wie versunkene Rubine und sahen zum Greifen nah aus. Verstohlen betrachtete Hannah jetzt ihre eigenen etwas angeknabberten Nägel und wäre am liebsten gleich zur Maniküre gegangen. *Aber es gab wichtigere Dinge im Leben als Äußerlichkeiten…* Trotzdem gestand sie sich eine Neugierde auf die Unbekannte ein. *Wer war sie, wie kam es dazu, dass sie hier so alleine schwamm?* Hannah bemerkte, dass sie überall eine kleine Sensation witterte, seit sie als Autorin unterwegs war.

Bei ihrer Rückkehr ins Appartement kam Robin gerade aus dem Bad und überließ ihr die Dusche. Hannah tat es schon wieder leid, dass sie so harsch mit ihm umgesprungen war und wollte ihn in den Arm nehmen – so wie früher eben. Aber dieses Mal schob er sie weg: „Hannah, es ist an der Zeit, dass du dich nicht mehr ambivalent verhältst, sondern eindeutig! Du kannst nicht dauernd hin- und herschwanken, mal diese, mal jene Signale versenden! Ich bin auch nur ein Mensch, ich ertrag das so nicht mehr!" Das war deutlich, Hannah nickte. „Lass mich erst einmal das Seminar hinter mich bringen. Heute Abend reden wir dann. Okay – gehen wir gemeinsam frühstücken?"

Das Frühstücksbuffett war opulent. Hannah hatte im Hotelprospekt gelesen, dass das Buffett aus 300 Speisen bestand, aber sie erinnerte nicht mehr, ob sich das auf morgens oder abends bezog. *Egal, es schmeckte jedenfalls hervorragend!* Die Köche waren freundlich und zauberten vom klassischen englischen Frühstück über Blaubeerpfannkuchen bis hin zu frisch gepressten Papaya-Säften einfach alles, was das Herz begehrte. Hannah und Robin liefen am Buffet auf und ab und schleppten teller- und tassenweise die Speisen und Getränke zum Tisch, was den Vorteil hatte, dass sie sich dabei nicht miteinander unterhalten mussten. Als sie endlich saßen, kam Hannah gleich auf ihren Workshop zu sprechen. Vielleicht konnte sie Robin damit ablenken. Sie wollte den Morgen auf keinen Fall mit einem Streitgespräch beginnen, zumal sie sich auf den Workshop wirklich sehr gefreut hatte.

‚Ja, heute beginnt der Workshop endlich, bin sehr gespannt. Wir sind insgesamt neun Teilnehmer. Das ist nur die Hälfte der Teilnehmerzahl, die Ulrike Scheuermann sonst in Berlin hat. Dafür sind es der Liste nach aber sehr interessante Leute in hochkarätigen Positionen, die bestimmt erstaunliche Geschichten zu erzählen und zu veröffentlichen haben."

„Und warum müssen diese so genannten hochkarätigen Autoren unbedingt auf den Kanaren ihr Zeugs erzählen? Ich meine, entschuldige bitte, aber Texte kann man doch wohl auch in Bad Salzuflen oder Paderborn schreiben. Warum muss es gerade Teneriffa sein?"

„Was soll das denn jetzt, dieser Unterton? Das hat dich doch zuvor auch nicht gestört."
„Ich mein ja nur, es ist doch ein wenig dekadent, oder?

„Nein, das ist es gar nicht. Die Scheuermann kann das auch recht überzeugend begründen. Die sagte nämlich am Telefon zu mir: Ihr sei bewusst geworden, dass Menschen, die zwar gerne schreiben würden, meistens nicht dazu die Zeit finden, weil ihnen ihr Berufs- und vielleicht auch Familienleben kaum Freiräume lässt. Und an solchen Workshops nehmen tatsächlich die unterschiedlichsten Leute teil. Da gibt es kaum eine Tendenz, außer dass sich meistens mehr Frauen anmelden. Aber sonst, aus allen Berufsfeldern, vom Management-Coach bis zur Chefärztin, vom Psychologen bis zum Bankier. Die Palette ist da sehr breit. Ja, und die meisten Autoren, die ja häufig noch Novizen sind, also Anfänger, die finden, wie gesagt, nur im Urlaub die Zeit, mal über einen längeren Zeitraum schreiben zu können. Zudem empfinden sie es auch als sehr inspirierend, an einem anderen Ort mit professioneller Betreuung an ihren Texte arbeiten zu können. Na, und die Sonne hier auf Teneriffa liefert dafür natürlich auch noch die passende Grundstimmung. Und nicht zuletzt", betonte sie energisch, „eignet sich auch dieses Hotel *Jardin Tropical* sehr für ein ungestörtes Schreiben an der frischen Luft, da es so viele kleine Gärten,

Winkel und Nischen mit Sitz- und Schreibgelegenheiten gibt, so dass man sich nicht auf sein Zimmer zurückziehen muss."

„Theoretisch könntet ihr das ja auch im heimischen deutschen Wald. Aber ich nehme an, die Geschäftsleute, die sich über ein Sachbuchthema profilieren wollen, erwarten einen hohen Standard an Unterbringung und Verpflegung? Und das Lebensgefühl hier in diesen arabisch inspirierten Gemäuern ist anders. Selbst ich merke das!"

„Ja, einen gewissen Standard erwarten sie. Wenn sie schon ihren Urlaub nutzen, um den nächsten Karriereschritt über eine Buchveröffentlichung anzugehen, dann wollen sie zwischendurch auch entspannen und zum Beispiel schwimmen oder spazieren gehen. Der Workshop findet übrigens zu achtzig Prozent im Freien statt, da sich die Teilnehmer draußen besser entspannen und konzentrieren können. Wenn ihnen erst mal der warme Wind über die Haut streicht und der Blick aufs Meer geht, dann fällt bei den meisten schlagartig die Last des Alltags ab, und ganz besonders natürlich die üblichen Hemmungen vor dem leeren Blatt, vor einem längeren Text, mit dem sie sich längere Zeit beschäftigen müssen." Sie holte einmal tief Luft. „Ach, so soll es mir auch gehen. Mir ist wichtig herauszufinden, was ein guter Titel für ein Buch wäre, das aus Interviews besteht. Aber dazu kommen wir später noch."

SCHREIBSPIEL

Hannah wollte sich zurückziehen. Der Vormittag war lehrreich gewesen. Ulrike Scheuermann hatte Grundregeln des Veröffentlichens referiert. Zunächst einmal hatten die Teilnehmer eine Schonfrist und mussten – abgesehen von kleinen Schreibübungen – nicht selbst aktiv werden. Jetzt war Pause und Sonne angesagt! Hannah hatte sich vorgenommen, in der Mittagspause den Stoff noch mal alleine zu rekapitulieren. Aber sie war sich jetzt schon sicher, dass ihr dieses Seminar bei ihrem Buchprojekt sehr helfen würde: Vieles, was die Dozentin angesprochen hatte, konnte sie Eins zu Eins für ihr Buch übernehmen. *An was man alles denken musste, wenn man ein Buch nicht nur schreiben, sondern auch vermarkten will* … Sie wollte sich auf die ‚Solariums-Terrasse' des *Jardin Tropical* zurückziehen und hoffte, dass dort niemand war, weil sich die meisten Gäste am Pool drängten. Der Poolboy trottete vor Hannah her. Er trug die weiß-gelb gestreiften Auflagen für die Sonnenliegen die wenigen Treppen hoch zur höher gelegenen Terrasse. Hannah suchte sich eine Liege aus und gab dem Mann ein Trinkgeld, nachdem er ihr nicht nur die Auflage über die Liege gespannt hatte, sondern ihr auch noch mit einem charmanten

Lächeln die Schläppchen von den Füßen gezogen hatte. Hanna war das ziemlich peinlich, allerdings konnte sie sich auch gut vorstellen, dass man sich an so etwas schnell gewöhnen kann. Und wenn der Poolboy damit ein Auskommen hatte, war es doch in Ordnung. Außerdem waren sie hübsch anzusehen, diese muskelbepackten Männer in weißem Hemd und weißen Shorts.

Ein paar Augenblicke lang schweifte ihr Blick über den Atlantik. Es war ein wenig dunstig heute. Trotzdem sah man klar den Umriss der Insel Gomera. Sie schloss die Augen. Vielleicht war für eine Viertelstunde ein Nickerchen drin? Sie spürte die intensiven Sonnenstrahlen und erinnerte sich, dass sie sich heute am Morgen gar nicht eingecremt hatte. Mit geschlossenen Augen tastete sie nach ihrer Sonnencreme. Plötzlich merkte sie, dass ihr jemand die Plastikdose in die Hand gab. *Huch …?* Sie riss die Augen auf – und löste mit ihrem nervösen Blick Gelächter aus. „Rosa, Du hast Dich angeschlichen!" empörte sich Hannah. Rosa lachte. „Du hast mir gestern versprochen, dass wir in der Mittagspause ein Schreibspiel machen!" Hannah verdrehte die Augen. „Da wusste ich aber noch nicht, dass der Workshop so anstrengend werden würde."
„Willst du nicht lieber schwimmen, bei der Hitze? Ich bin echt müde!" „Aber was man verspricht muss man auch halten, – kurz, zumindest. Du könntest

KURZ mit mir was machen und DANN gehe ich schwimmen. Guck mal, ich hab uns zwei liniierte Blocks mitgebracht für das Spiel." Hannah stöhnte. „Na dann, Du kleiner Quälgeist, wenn Du mich erpresst, dann will ich mein Versprechen auch einlösen. Aber nicht ewig lange! Ich muss den Workshop noch nachbereiten und habe Hausaufgaben. Fünf Runden spielen wir, mehr nicht!"

Sie setzte sich aufrecht hin. Bei Becky Beck in der Schreibgruppe hatte sie ein Schreibspiel zur Auflockerung kennengelernt, aus dem wunderbare Kurzkrimis entstehen konnten. Das wollte sie jetzt verwenden, um die kleine Nervensäge zu beschäftigen. „Na, dann gib mal her. Pass auf, Du malst jetzt auf den Block ein Raster, wie Du es für ‚Stadt Land Fluss' brauchst. Nur, dass das Spiel nicht ‚Stadt Land Fluss' heißt, sondern „Stadt Land Tod" oder auch ‚Mord Motiv Moneten'. Du trägst in die erste Zeile die Rubriken ein: ‚Delikt', ‚Motiv', ‚Täter' ‚Fluchtfahrzeug', ‚Fluchtort' und ‚Aufklärung' sowie ‚mildernde Umstände'. Soweit klar? Also, wir wählen einen Buchstaben wie bei ‚Stadt Land Fluss' und dann beginnt mit diesem Buchstaben jedes Wort, das Du in die Rubriken einträgst. Wer zuerst alle Rubriken ausgefüllt hat, hat gewonnen. Sag ‚A'!
Sie landeten nach einer winzigen Spielzeit bei ‚B'. Rosa kapierte schnell. Stolz las sie vor: ‚Delikt': Bankraub. ‚Motiv': Besitzen wollen." Sie schielte

zu Hannah, aber Hannah verzog keine Miene und nickte nur. „‚Täter': **B**etrügerischer, **B**ankangestellter. ‚Fluchtfahrzeug': **B**enz. ‚Fluchtort': **B**rasilien. ‚Aufklärung': **B**eobachtender Junge, der vor der Bank rumlungert. ‚Mildernde Umstände': **B**ankraub ohne Mord."

Sie spielten fünfmal, dann schlug Hannah vor: „Okay, du gehst jetzt baden. Oder du schreibst hier eine Stunde lang eine Geschichte aus all deinen Wörtern mit ‚B'. Nimmst die aufgeschriebenen Begriffe und schreibst los. Du darfst übertreiben und herumspinnen, ganz wie du willst. Oder nimm die Wortreihe, die dir am besten gefällt, wo dir am leichtesten eine Geschichte dazu einfällt. Gute Nacht jetzt. Weck mich um drei, bitte!" Hannah drehte sich zur Seite und zog das überdimensional lange Badetuch über Kopf und Körper. Noch einen Augenblick lang lugte sie heimlich unter dem Badetuch hervor und schaute auf das Mädchen.

Rosa saß einen Moment ganz still da und blickte auf das Meer. Dann schaute sie wieder auf ihr Blatt und übertrug die Wörter aus ihrer Liste, die sie für ihre Geschichte gebrauchen konnte. Sie begann sofort zu schreiben.

Als Hannah nachmittags den Seminarraum betrat, entdeckte sie am Fenster, durch das man zum Innenhof mit den tropischen Pflanzen sehen konnte, eine Frau. Im ersten Moment hatte sie Schwierigkeiten, sie zu erkennen. Dann wurde ihr klar, dass es die Frau mit der türkisfarbenen Badekappe aus dem Schwimmbad war. Sie trug einen schlichten beigen Hosenanzug und sah darin elegant aus. Zwei weitere Teilnehmer waren schon eingetroffen und schauten sich mit einer Kaffeetasse in der Hand die Unterlagen an, die auf dem Tisch ausgelegt waren. Hannah stellte sich dazu und begann in einem der Bücher von Ulrike Scheuermann zu lesen: „Wer reden kann, macht Eindruck, wer schreiben kann, Karriere." Ein anderes Buch, grün mit einem Marienkäfer drauf und dem Titel „In 7 Schritten zum Wesentlichen", zog sie an. Sie blätterte kurz darin. Zudem lagen noch Ausdrucke von Zeitungsartikeln aus der ‚Literarischen Welt' herum. Hannah nahm ein Exemplar in die Hand und überflog den Inhalt. Hier kamen Oliver Gorus und Ulrike Scheuermann zu Wort und beschrieben, warum Experten Sachbücher schreiben sollten. Hannah nahm sich vor, nach dem Seminar noch mal an den Büchertisch zu gehen, weil sie das alles brennend interessierte und sie die Artikel mitnehmen wollte. Sie steuerte auf einen älteren Mann zu, der sie aus blitzeblauen Augen freundlich musterte. Er stellte sich als Herbert Schwarz vor, und am Akzent erkannte Hannah gleich, dass er Schweizer war. Seine Kleidung war gediegen, Nadelstreifenanzug und weißes Hemd.

Auf die Krawatte hatte er allerdings verzichtet. Die Schuhe waren aus geschmeidigem braunen Leder – vielleicht ein Banker? Hannah setzte sich gleich neben ihn, weil sich ihre Blicke begegnet waren und sie bei dem freundlich lächelnden Manne den Eindruck hatte, dass sie mit ihm nett plaudern konnte. Nach und nach trafen alle Teilnehmerinnen und Teilnehmer ein und setzten sich auf die im Rund aufgestellten Stühle. Tische gab es keine. Stattdessen lag auf jedem Stuhl ein DIN-A3-großes Schreibbrett mit eingeklemmtem Papier.

Ulrike Scheuermann trat ein und stellte sich vor. Damit begann der Vorstellungsreigen. Jeder Teilnehmer trat nach vorne zum Flipchart und hatte 1,5 Minuten, um sich und sein Schreibprojekt zu präsentieren. Die Unbekannte aus dem Schwimmbad war Regine Meltzer, die Erbschafts-Abwicklerin aus Heidelberg. Ihr erster Satz zur Vorstellung ihres Schreibprojektes lautete: „Jeder Todesfall ist auch ein Erbfall!" Sie sei als Anwältin Expertin, wenn es darum ginge, komplizierte Erbfälle zur Zufriedenheit aller beteiligten Parteien zu gestalten, OHNE dass Gerichte damit befasst waren. Wenn die Angehörigen erschüttert vom Tod eines geliebten Menschen seien, hätten sie manchmal nicht die Kraft, sich um die Abwicklung aller Formalitäten zu kümmern. Ihre Aufgabe sei es dann, sich um alles zu kümmern, vom Verkauf geerbter

Immobilien und deren Räumung bis notfalls hin zur Interims-Geschäftsführung eines Betriebs. Am Workshop heute Morgen habe sie leider nicht teilnehmen können, weil sie auf eine benachbarte Finca gerufen worden sei, auf der zwei zerstrittene Schwestern – Apothekerinnen – um den Nachlass stritten. Den Auftrag wolle sie unbedingt annehmen, er interessiere sie sehr und man möge also entschuldigen, wenn sie nur stundenweise am Workshop teilnehmen könne. Ihr Thema für das Sachbuch sei: „Der leidgeprüfte Erbe: Friedliche Nachlassregulierung im Dialog."

Hannah war beeindruckt. Was es alles gab! Von einer solchen Spezialisierung hatte sie noch nie gehört. Aber sie würde sich jemanden wie Regine an ihrer Seite wünschen, wenn sie einen Todesfall zu verkraften hätte. Sie machte einen gut organisierten und äußerst kompetenten Eindruck. Allein wie sie Füller und Schreibblock vor sich auf den Tisch legte, zeugte von einem Sinn für Ästhetik. Sie hatte sicher nicht nur einen ausgeprägten Geschäftssinn, sondern auch ein paar tröstende Worte parat. Denn immer, wenn jemand mit ihr sprach, wandte sie sich dieser Person direkt zu, und man hatte den Eindruck, nur ihr Gegenüber sei in diesem Moment wichtig. Hannah schrieb sich den Namen der Anwältin oben rechts auf ihr Schreibpapier.

Bis sich die sechs Frauen und drei Männer vorgestellt hatten, verging einige Zeit. Kaum einer hielt sich an die Vorgabe von anderthalb Minuten! Am meisten überrascht war Hannah von einer Frau, nach der sich jeder im Raum umgedreht hatte: Fast 1,90 m groß, ganz in schwarz, in Satinhose, Stiefeln und Bluse, ca. Ende Zwanzig. Sie sah wie ein Model aus mit dem schwarzen Tuch, das sie wie einen Poncho um sich gelegt hatte. Was noch von der Art unterstrichen wurde, wie sie durch den Raum schritt, ohne nach rechts und nach links zu gucken, den Kopf wie festgeschraubt, und zügig zum Flipchart stolzierte. Vor dem Flipchart veränderte sich plötzlich ihre Haltung. Plötzlich wirkte sie nicht mehr wie ein Model, sondern eher wie ein kleines Mädchen, das man allein im Wald zurückgelassen hatte.

Dies sei der Moment, vor dem sie sich am meisten gefürchtet hatte, gab sie zu, denn sie habe überhaupt keine Übung darin, für ihr Buchprojekt einzutreten. Außerdem sei sie schüchtern, und größere Gruppen von Menschen hätten sie immer eingeschüchtert – zumindest, wenn sie vor ihnen reden müsse! Ein ungläubiges Raunen ging durch den Raum. Je länger Sandra sprach, desto besser wurde ihr Auftritt, die Stimme fester, ihr Körper jetzt zu voller Größe aufgerichtet. Ja, sie sei Model gewesen, aber jetzt wolle sie ein Buch darüber schreiben, was Model-Shows wie *'Germanys next Top Model'* mit dem Selbstbild junger Frauen anrichte und wie zerstörerisch es sein könne, sich nur an äußeren Werten zu orientieren. Hannah dachte, es sei längst überfällig, dass solch ein Buch auf den Markt kommt. Das würde sie sich vielleicht sogar kaufen, weil sie das schon immer maßlos aufgeregt hat, wie die jungen Frauen in den Medien verheizt werden. Vielleicht könnte sie dafür sogar die Presse- und Öffentlichkeitsarbeit machen. *Was für ein wunderbares Thema für PR-Aktionen!* schoss es ihr durch den Kopf.

Als nächster war der ältere Herr dran. Mit geneigtem Kopf und leiser Stimme erzählte er, dass er in mehreren multinational aktiven Konzernen wie Nestlé und IBM gearbeitet habe und seit einigen Jahren als Consultant unterwegs sei. Er würde immer gerufen, wenn scheinbar aussichtslose Fälle auftraten und keiner mehr weiterwusste. Wenn zum Beispiel die Kommunikation im Management nicht stimme, weil jeder vom anderen dachte, er sei feindlich gesonnen. Dabei sei es manchmal so einfach, Missverständnisse auszuräumen. Man habe ihn immer wieder angesprochen, dass er seine Erfahrungen doch veröffentlichen solle. Er könne zeigen, wie sich auch vermeintlich unlösbare Probleme in Wohlgefallen auflösen können, wenn man von außen darauf guckte. „Dürften wir vielleicht auch erfahren, wie Sie das anstellen?" kam eine Frage aus dem Publikum. „Ich kann gut zuhören", erwiderte er mit einem spitzbübischen

Lächeln. *Seinen Rat hätte ich gebraucht, als ich mit meinem Movies Entertainment im Clinch lag!* dachte Hannah.

Dann kam eine belgische Teilnehmerin mit Namen Heloise an die Reihe. Sie sprach mit nur leichtem Akzent Deutsch und erzählte, dass sie ein Buch über die psychologischen Implikationen beim Outplacement schreiben wolle. Outplacement-Berater waren dafür zuständig, solche Mitarbeiter zu begleiten und zu beraten, die ihren Job freiwillig kündigten oder unfreiwillig gekündigt wurden und einen neuen Job finden wollten. Hannah jubelte innerlich: *Na, das gibt's ja gar nicht. Das passt ja wie die Faust aufs Auge!* Auch ein Schauspieler war dabei, der gemeinsam mit einem Psychologen zum Thema ‚Körpersprache' forschte und eine Ärztin, die über die kriminellen Aktivitäten der Kassenärztlichen Vereinigung schimpfte. Dann gab es da noch eine Frau, die behauptete, dass ‚Burnout' nicht im Job entstünde, sondern im familiären Bereich seine Wurzeln habe. Ein anderer Mann, bei dem Hannah nicht klar wurde, was er beruflich zuvor gemacht hatte, plante, eine Alternativ-Methode zu ‚*Simplify your Life'* anzubieten. Er wollte einen Ratgeber darüber schreiben, wie man heutzutage sein Leben in den Griff bekommt, wenn man lernt, sich auf das Wesentliche zu konzentrieren.

Als alle Blicke auf Hannah fielen, da stockte ihr doch für eine Sekunde der Atem. Dann aber kamen die Sätze wie gedruckt, und sie erläuterte in ruhigem Ton, dass sie für ihr Buchprojekt Schreibprofis interviewen wolle, um den verschiedensten Schreibtechniken sowie den Gewohn- und Eigenheiten der Autoren auf die Spur zu kommen, um ihnen dabei vielleicht auch das eine oder andere Geheimnis des Schreibens zu entlocken. Falls es so etwas wie ein Geheimnis überhaupt geben sollte. Ferner wollte sie darin die unterschiedlichen Berufe vorstellen, die auf dem Schreiben basieren. Damit waren natürlich nicht nur Journalisten und Drehbuchautoren gemeint, sondern auch Berufe wie Werbetexter usw. Ihr Anspruch sei natürlich auch, diese Berufe sehr differenziert zu betrachten und darauf zu schauen, wie sie sich möglicherweise durch den Computer und das Internet verändert haben.

Nach dem Workshop legte Hannah sich für eine Stunde hin. Robin war heute mit einem Mietwagen unterwegs. Er wollte die ganze Insel umfahren, so dass er wohl erst spät zurückkommen würde.

Hannah wachte auf. Irgendwas hatte an ihrer Zimmertür gekratzt. Sie ging den Flur entlang zur Tür und öffnete sie. Sie hörte, wie jemand ganz leise, aber flink die Treppe runter lief. Dann war es plötzlich still. Jetzt erst entdeckte sie den Briefumschlag, der auf der Schwelle lag. Der Brief war wohl in die Tür geklemmt worden und heruntergefallen, als sie geöffnet hatte. Unter der Tür konnte man keinen Brief durchschieben. Die Türen des ‚*Apartments Adelfas 22*' schlossen staubdicht.

Es war ein sehr dicker Brief mit dem Logo des Hotels. Erst auf der Rückseite fand Hanna den Absender, der so klein geschrieben stand, dass sie ihn nur schwer entziffern konnte. Ein Brief von Rosa, ihrer ersten persönlichen Schreibschülerin. *Das ging aber fix mit ihrer Geschichte,* dachte Hannah und musste schmunzeln. Sicher war die Kleine genauso nervös, wie sie es vor kurzem selbst noch gewesen war, als sie ihren ersten Text im Seminar hatte vorlesen müssen, da wäre sie auch am liebsten davongerannt.

Allerdings war Hannah jetzt gar nicht danach, sich noch vor dem Abendessen eine Kindergeschichte zu Gemüte zu führen, die sie womöglich noch Wort für Wort entziffern musste, bei der Klaue auf dem Umschlag. Sie wog den dicken Brief in ihrer Hand, wollte ihn erst zur Seite legen und konnte sich dann doch nicht zurückhalten. Ihre Neugierde war größer.
Die Buchstaben waren wie gemalt – zum Glück. Allein die letzten zwei Seiten waren nicht mehr ganz so ordentlich. Zum Teil war die Tinte etwas

verwischt. Aber, dass das Mädchen in solch kurzer Zeit fünf Seiten geschrieben hatte, das fand Hannah doch äußerst beeindruckend. Sie legte sich auf ihr Bett und begann zu lesen.

ROSA

Zum Abendessen war Robin von seinem Ausflug zurück. Nachdem sie sich am Buffet mit Schwertfisch, den man vor ihren Augen gegrillt hatte, und mit reichlich Tomaten und Auberginen die Teller beladen hatten, erzählte Robin von seiner Rundreise. Auf dem Teide, dem Vulkan und höchsten Berg Teneriffas, war er zu einer Wandertour gewesen. Er begann zu erzählen, dass es wider Erwarten doch recht anstrengend gewesen war, selbst für ihn, den trainierten Wanderer. Aber Hannah ließ ihn nicht ausreden, weil sie ihre Erlebnisse, die Geschichte von Rosa, nicht mehr für sich behalten konnte. „Und mittags ist Rosa vorbeigekommen. Weißt Du, genau dann, als ich schlafen wollte, eine Siesta halten in der Sonne. Zum Glück hab ich sie mit einem Schreibspiel ruhigstellen können. An ihr ist eine kleine Schriftstellerin verloren gegangen. Sie hat mir vorhin ihre Geschichte durch die Tür geschoben, von einem Mord, den ein Mädchen so alt wie sie nachts in Berlin Westend beobachtet. Sie hatte nur einen Buchstaben als Vorgabe, das ‚M'. Daraus hat sie dann Mord, Mann, Mercedes, gemacht und diese Wörter in ihrer Geschichte verwendet. Ich sag Dir, sie hat das richtig gruselig geschildert. Der Besucher, der mit seinem Gastgeber streitet. Der Streit wird heftiger, der Besucher schubst den Gastgeber. Er fällt, der andere flieht im Auto. Rosa hat in ihrer Geschichte die Ereignisse so lebendig beschrieben, als hätte sie es selbst erlebt. Sogar die Details sind so genau geschildert, dass man alles direkt vor Augen hat. Die Figuren sind total plastisch", sag ich dir. „Der Mann im blauen Trenchcoat, also der Mörder, der blinzelt und sagt immer wieder was von … Na, was hat sie da noch geschrieben, egal, und das Opfer trug eine grüne Cordhose, rote Socken und einen gelbroten Karopullunder, amüsant, nicht wahr, wie die Kleine auf so etwas kommt?" Hannah schwieg einen Moment und sagte dann: „Sie hat wirklich Talent, dieses Mädchen. Wenn wir wieder in Berlin sind, muss ich ihr unbedingt einen Schreibkurs empfehlen, wo sie …" Robin unterbrach sie: „Sag mal, WO wohnt Rosa?" „Na, irgendwo im Westend, hat sie gesagt." „Aber nicht zufällig in der Ulmenallee …? Hannah, lass uns Rosa finden!"

Rosa saß nicht bei ihren Eltern am Tisch. Auf Robins betont gleichmütige Frage, wo denn ihre Tochter sei, antworteten die Eltern, dass Rosa keinen Hunger gehabt habe. Sie sei irgendwo auf dem Gelände … sie wolle wohl den Sonnenuntergang beobachten. Hannah nahm Robin an die Hand. „Komm, ich glaube, ich weiß, wo sie steckt!" Sie zog Robin am

Pool vorbei, entlang der Hütte der Poolboys, wo jetzt um sieben Uhr schon alles abgeschlossen war. Als sie die steile Treppe zur Solariums-Terrasse erklommen, blieben sie einen Moment ergriffen stehen. „Meine Güte, ist das schön", sagte Hannah. Die Sonne war kurz davor, im Meer zu versinken. Die Insel Gomera lag da wie ein riesiger Stein aus Urzeiten. Das Meer schäumte nicht, sondern schlug sanft und im Gleichklang ans Ufer. Ein Moment wurde zur Ewigkeit, wie im künstlerischen Tableau einer Inszenierung festgehalten. Langsam verschwand die Sonne im Meer und Schatten fiel auf das Land. In Sekundenschnelle wurde es dunkel. Sie stiegen die letzten Stufen zu einer höher gelegenen Terrasse hinauf.

Hannah sah eine Gestalt auf einer der Liegen. „Rosa? Rosa, bist du da?" Hannah ging auf die Person zu, die unter einem Berg von Handtüchern vergraben lag. Ganz leise hörte sie eine zarte Stimme. „Ja, Hannah, ja, ich bin hier." „Hannah fiel ein Stein vom Herzen. Sie gestand sich ein, dass sie sich für einen Moment Sorgen um die Kleine gemacht hatte. „Hör zu, meine Liebe, Robin ist auch hier. Wir müssen dich etwas fragen." Rosa setzte sich auf, schaute von Hannah zu Robin und dann auf ihre Zehenspitzen. „Ich hab deine Geschichte gelesen. Sie ist fantastisch geschrieben. Du zeigst darin viel Talent. Aber – Robin kam drauf – kann es sein, dass du wirklich gesehen hast, was du da beschreibst?" Als sie merkte, dass das Mädchen zögerte, fügte sie hinzu: „Mit uns kannst du reden. Wir helfen dir." Sie setzte sich neben Rosa und legte den Arm um sie. Rosa erstarrte für eine Sekunde, schmiegte sich dann aber doch an Hannahs Schulter. Robin ging in die Knie und hockte sich ihr auf Augenhöhe gegenüber. „Rosa, Du wohnst doch in der Ulmenallee?" Rosa zögerte und nickte dann. Robin warf Hannah kurz einen Blick zu und sagte dann zu dem Mädchen. „Du magst doch Krimis? Heute kannst du uns helfen, einen echten Überfall aufzuklären. Das willst du doch?" Rosa nickte. „Aber ihr dürft es meinen Eltern nicht sagen!" Hannah sagte leise: „Schätzchen, das wird nicht gehen. Aber wir können ihnen erklären, warum du bislang davon nichts erzählt hast. Es gibt bestimmt einen guten Grund?" Rosa war verlegen. „Meine Eltern gehen abends oft aus. Sie müssen das, weil sie die Künstler in ihren Konzerten betreuen. Nach dem Konzert sind sie oft noch lange weg. Ich darf meist zu einer Freundin zum Übernachten. Aber dieses Mal durfte ich nicht. Ich hatte nicht aufgeräumt und sollte so lange nicht raus, bis mein Zimmer ordentlich aussah. Ist doch bescheuert." Sie schlug mit ihrer kleinen Faust auf die Liege. „Das eine hat doch mit dem anderen nichts zu tun! Also bin ich trotzdem zu meiner Freundin Angelina gegangen. Sie wohnt nicht weit. Und als ich dann zurück war, konnte ich nicht schlafen.

Meine Eltern waren immer noch weg, ich hatte es schlau getimed. Ich hab mir auf DVD noch eine Folge ‚*Vampire Diaries*' angeschaut. Das war aber ziemlich gruselig. Als ich aufgestanden bin, um die Zähne zu putzen, hab ich nach draußen geguckt. Ob da auch kein Werwolf ist, und ob wir neben den Ulmen auch eine Ureiche vor dem Haus stehen haben. Also ich hab mich ganz schön gefürchtet. Und dann hab ich gesehen, wie gegenüber der eine Mann den anderen geschubst hat."

Wieder wechselten Robin und Hannah einen Blick. Mit leicht angeknackster Stimme fragte sie Rosa: „Also, der eine Mann hat den anderen geschubst? Wer wohnt denn da, weißt du das?" „Ach, mit denen haben wir kaum etwas zu tun. So Leute ohne Kinder eben. Schon ziemlich alt. Aber wir kennen sie kaum" „Und du hast also gesehen, wie sie gestritten haben?" „Nur der eine Mann hat sich aufgeregt, das hab ich gesehen, er wurde immer hektischer, unser Nachbar blieb ganz ruhig." Sie überlegte. „Ich glaube, er wollte, dass der Besucher geht, denn er hat immer mit der Hand zur Tür gezeigt und ihn dann so dahin gestupst. Als der andere Mann dann schon fast durch die Tür war, da hat der sich plötzlich umgedreht und unseren Nachbarn so kräftigt geschubst, so mit beiden Händen, dass der umgefallen ist, so nach hinten, wie wenn einer erschossen wird". „Und was hast du dann gemacht?" „Ich hab meine Zähne geputzt." „Hat dir das keine Angst gemacht?" „Das Zähneputzen?" „Ach was, ich meine natürlich den Mann und euren Nachbarn, den Streit." „Nö, ich hatte ja gerade ‚*Vampire Diaries*' geguckt, und da fließt noch viel mehr Blut. Da tun sie weitaus mehr als nur schubsen. Kam mir im Moment gar nicht komisch vor. Außerdem mag ich den Nachbarn nicht. Der hat meine Freundinnen und mich immer angemacht, wenn wir mit den Inlinern in seiner Garageneinfahrt rumgerollt sind. Der war nie nett. Ich fand es nur gerecht, dass er mal was auf die Mütze bekommt. Außerdem klingelte in dem Moment das Telefon. Ich musste mit meinen Eltern sprechen und so tun, als hätten sie mich geweckt. Ich war abgelenkt, aber trotzdem hab ich gesehen, wie der Besucher das Haus verlassen hat. Dann rauchte er noch eine. So, als ob nichts wäre. Da dachte ich dann, dass wohl auch nichts Schlimmes passiert ist. Denn wer steht schon in aller Seelenruhe da und raucht eine, wenn er eigentlich flüchten müsste? Das hat mich dann beruhigt und als er in seinem Mercedes langsam weggefahren ist, bin ich ins Bett. Hab noch in der

Bravo nach meinen Stars von ‚*Vampire Diaries*' geguckt und ein schönes von Damian gefunden. Der ist super, weißt du, Hannah, den würde ich am liebsten …" Hannah unterbrach sie: „Rosa, wir müssen jetzt mal bei dem bleiben, was du gesehen hast. Das kann sehr wichtig sein." Sie zögerte und sah Robin an, der Rosa am Arm berührte und sagte: „Du hast keine Schuld, du hättest nichts verhindern können. Aber wir müssen das der Polizei melden, weil es ihr vielleicht hilft, den Fall aufzuklären. Du weißt, dass euer Nachbar ins Krankenhaus musste?" Rosa nickte.

„Hannah, du hast mir doch von dieser Rechtsanwältin in eurem Kurs erzählt. Mit der sollten wir vorher vielleicht mal reden, bevor wir uns an die Polizei wenden. Nicht, dass wir da noch in Teufelsküche kommen, und besonders Rosa natürlich." „Wenn du meinst." „Ja, lass uns das mal besser machen. Und du Rosa, du machst dir einfach keine Sorgen mehr. Wir werden das alles schon regeln!"

ANKUNFT

Der Mond schien, als sie mit dem Taxi vom Flughafen Tegel nach Hause fuhren. Nicht dieser komische, sich langlegende Mond, den sie auf Teneriffa bestaunt hatten. Jetzt stand die Sichel wieder, wie sie es gewohnt waren. Hannah war müde, aber auch seltsam überdreht. Robin hatte den Arm um sie gelegt, und sie empfand es als angenehm, sich an ihn zu schmiegen. Nach all dem, was sie erlebt hatten, kam ihr Robin jetzt sehr vertraut vor. Sie hatten Rosa erst den Eltern übergeben und dann in die juristische Obhut von Regine Meltzer, der Anwältin, die sich einfühlsam um sie kümmerte. Nachdem Rosas Eltern sich vom ersten Schock erholt hatten, übernahm die Anwältin das Verfahren. Sie hatte das Telefonat mit der Berliner Polizei geführt. Rosa war nichts anzulasten. Im Gegenteil: Sie würde eine Heldin sein, eine wichtige Zeugin, die dazu beitrug, einen Mordfall aufzuklären.

Hannah musste nun auch ein wenig schmunzeln, denn das hätte sie nie gedacht, dass man mit dem *Kreativen Schreiben* auch einem Mord auf die Spur kommen und Zeugen ermitteln kann. Und spannend war es obendrein auch noch. Sie hatte sich einige Gedanken über die möglichen Motive des Mörders gemacht und war letztendlich bei sich selbst gelandet. Auch eine spannende Erkenntnis. Die Polizei ging nämlich davon aus, dass es ein Mitarbeiter war, der mit Berenler im Unfrieden auseinandergegangen war. Und das traf natürlich in gewissem Maße auch auf sie zu.

Ihre Gedanken kreisten um die Motive des Mörders: Die Polizei hatte die Vermutung geäußert, dass es ein entlassener Mitarbeiter war, der sich an Berenler gerächt habe. „Hm, da hätte ich ja auch fast einen Grund zum Morden gehabt", dachte Hannah. „Ich wurde zwar nicht vor die Tür gesetzt, aber schofelig behandelt hat man mich auch. Da kann man doch nicht gleich gewalttätig werden? Es gibt doch zivile Vorgehensweisen, mit so etwas umzugehen?"

„Sag mal, Robin, könntest du dir vorstellen, dass ich eine Mörderin bin, dass ich einen abmurksen könnte?"
„Ja, sicher."
„Wie bitte?"
„Nein, natürlich nicht, blöde Frage."
„Na ja, so blöde ist das gar nicht, denn Grund genug hätte ich auch gehabt. Ich verstehe das einfach nicht, wenn jemand in solch eine Situation gerät, dann bringt man doch nicht gleich einen um. Da

gibt es doch andere Möglichkeiten. Ich hab es doch auch geschafft."

„Gut, du bist aber auch nicht entlassen worden. Das ist noch mal etwas anderes. Und ich meine, Intrigen-Coaching ist wahrscheinlich auch nicht für jeden das Richtige. Für Männer schon gar nicht! Wenn sie überhaupt schon mal davon gehört haben."

„Wieso das denn nicht, was hat das denn jetzt mit Männern zu tun. Wieso sollten Männer nicht …?

Robin winkte nur ab.

„Das weißt Du doch, Hannah, dass Frauen viel eher in eine Beratung gehen als Männer …"

Hannah öffnete schon den Mund, um zu widersprechen. Doch dann schwieg sie.

„Er hätte einfach auch mal ein Intrigen-Coaching machen müssen", dachte Hannah schläfrig. „Heute eh zu spät, sich darüber Gedanken zu machen … zumal wenn man so nett in den Schlaf gestreichelt wird." … Hannah fuhr hoch. Was machte Robins Hand an ihrer Brust? Sie spürte, wie eine Welle der Erregung über sie schwappte. Wie sie bereit war, alles zu vergessen, jetzt sofort, hier auf der Stelle.

JAN

Hannah sah auf die Uhr: Eigentlich wollte sie sich noch hinsetzen und alles in ihr Tagebuch eintragen, das sie sträflich vernachlässigt hatte. Alles, was sie auf Teneriffa erlebt hatte. Selbstverständlich auch das, was sie letzte Nacht mit Robin erlebt hatte. Wenn sie an die Szene im Taxi dachte, als Robin ihr gerade … und genau in dem Augenblick der Fahrer … das war wirklich zu komisch gewesen. Sie musste lachen. So etwas durfte eine Schreibschülerin natürlich nicht verloren gehen lassen. Das gehörte aufgeschrieben, minutieusement et en détail'.

So schnell hatte sie ihre Kleider selten vom Leib gerissen … gerne hätte sie weiter geträumt und jetzt mit ihm gefrühstückt. Aber das musste warten. Sie hatte einfach keine Zeit mehr. In einer Stunde schon ging ihr Zug nach Frankfurt/Oder. Sie war heute Morgen schon um vier Uhr aufgewacht und hatte einfach nicht mehr einschlafen können. Robin schnarchte ein wenig. Sie war nach dem Bad gleich zum Briefkasten gegangen und hatte in der Post diesen Brief mit einer Terminzusage von Frau Liebetanz gefunden, der Leiterin des Schreibzentrums der *Viadrina Universität*. Die Anfrage für einen Interviewtermin hatte sie in all dem Trubel um Rosa und Berenler fast vergessen. Noch in der Nacht hatte sie sich im Internet einen Platz im Zug reserviert und ein Ticket ausgedruckt. Robin und der Mord mussten erst mal warten. Ihr Buch hatte jetzt Vorrang, und dieses Interview war dafür womöglich von unschätzbarem Wert. Sie packte ihre Tasche, stopfte I-Pad und Notizblock noch zwischen einen Stapel ungeöffneter Post, die sie im Zug durchsehen würde, und lief zur Tür. Sie wollte gerade schon abschließen, als sie noch mal kurz zurück in die Wohnung und zur Kommode ging, um Robin eine kleine Notiz zu hinterlassen, die ihr wie ein Versprechen schien: „See you tonight, darling. Looking forward. Let's talk--- !"

Hannah war nach dem Interview mit Franziska Liebetanz klar geworden, dass sie die Arbeit in einem Schreibzentrum enorm wichtig fand. Man wusste doch schon seit ewigen Zeiten, dass sehr viele Studierende nur aufgrund von Schreibproblemen im Studium scheitern, und trotzdem gab es nur so wenige Schreibzentren in Deutschland! Manche Studenten gaben schon bei der ersten Hausarbeit auf, weil sie dermaßen blockiert sind und unter Druck stehen, dass ihnen das weiße Blatt zum Horror wird und ihnen das Schreiben womöglich für immer verleidet. Diesen Menschen zu erklären, dass das Schreiben, ob literarisch oder wissenschaftlich, ein Handwerk ist, das man erlernen kann, und das den meisten Menschen eben nicht wie eine Gottesgabe zufällt, das war es wert zu unterstützen. *So ähnlich, jedenfalls, werde ich das in meinem Buch formulieren*, dachte Hannah und ging den Flur entlang.

Über den mit Pfützen übersäten Parkplatz ging ein Mann mit seinem Hund spazieren. Es regnete immer noch so viel, obwohl es schon Ende Mai war. Hannah hatte so gehofft, dass die Regenzeit endlich beendet wäre, wenn sie aus Teneriffa zurück sein würde. Sie fröstelte und zog den Schal noch ein wenig fester zu. „Das waren jetzt vielleicht 15 Grad, also über zehn Grad Unterschied zu den Kanaren", dachte Hannah und spürte, wie ihr noch einmal ein kräftiger Schauer durch den gesamten Körper fuhr. Sie fühlte sich unausgeschlafen nach dieser Liebesnacht, aber auch wohl in ihrer Haut. Alles war richtig … heute Abend sah sie Robin wieder, und sie freute sich so auf ihn … Eine Tür knarrte und Hannah schreckte hoch aus ihren Gedanken. Schritte kamen auf sie zu. Sie drehte sich um.

Im ersten Moment dachte sie, sie träume. War sie wirr im Kopf? Den Mann, auf dessen Anruf sie die ganze Zeit gewartet hatte. Der ihr nicht aus dem Kopf ging, seit sie nach dem Tunnelerlebnis mit ihm Kaffee trinken war. Da stand der Mann plötzlich vor ihr, der ihr in den letzten Monaten kaum noch eine ruhige Nacht gegönnt, dem sie die schönsten Briefe ihres Lebens geschrieben, für den sie sich die tollsten Geschichten ausgedacht hatte und sich sogar die Fuß- und Zehennägel für 200 Euro hatte maniküren lassen. Und jetzt stand der einfach da und sah plötzlich gar nicht mehr so gut aus, wie sie ihn in Erinnerung hatte.

„Hannah, bist du das? Franziska sagte, ich finde dich hier!"
Was für eine dämliche Frage. Natürlich war sie das. Sie sah ihn an, ohne ein Wort zu sagen, und hätte ihm jetzt am liebsten auf der Stelle gegen das Schienbein getreten. Stattdessen aber sagte sie dann doch: „Jan!"

Ach herrjeh, das war mindestens noch dämlicher. Für einen Moment spürte sie wieder so eine kleine Schwäche und wäre ihm am liebsten in die Arme gefallen, so wie nach dem Horror im Tunnel. Dass er noch immer so auf sie wirkte? Zum Glück hatte sie sich gleich wieder im Griff. Allein die Stimme geriet ihr ein paar Oktaven zu hoch, so dass es sich fast schon keifend anhörte, als sie ihn fragte, warum er sie, zum Teufel, die ganze Zeit nicht angerufen habe.

„Weil dein Büro bei *Movies Entertainment* sich weigerte, mir deine Telefonnummer oder Adresse zu geben. Zur Abteilung Öffentlichkeitsarbeit habe ich mich verbinden lassen, ich wusste ja, dass das dein Bereich ist. Eine Erika wollte dich anschreiben und dir Bescheid geben, dass ich nach dir suche. Hast du ihre Mail nicht erhalten? Du hast mir nach deiner Panikattacke eine Visitenkarte gegeben und ich Idiot habe sie einfach eingesteckt, ohne einen Blick darauf zu werfen!"

Hannahs Wangen waren jetzt sicher zartrosa. Sie starrte auf ihre Schuhe. *Die mussten dringend mal wieder geputzt werden, obwohl, das hatte sie doch heute Morgen noch in aller Eile gemacht. Aber, wo, bitte schön, kam dann dieser dicke schwarze Fleck schon wieder her? Aber Jans Schuhe sahen auch nicht gerade gepflegt aus, völlig verkrustet. Gut, es war immer noch Winter, obwohl es doch eigentlich schon Frühling war.* Plötzlich erinnerte sie sich, dass sie bei der letzten Messe die Visitenkarte dieser Frau Barschot in ihr Etui gesteckt hatte. *Genau, das sah ihr mal wieder ähnlich, das war jetzt alles ihre Schuld und die Schuhe waren auch schon viel zu alt, sie musste sich dringend mal wieder neue kaufen verdammt noch mal. Ich entsetzlich blöde Kuh!*

„Hab ich dir womöglich die Karte von einer Frau Barschot gegeben?" Jan nickte. „Oh weh, du dachtest ich sei …" Hannah hielt sich die Hand vor den Mund, sie hätte sonst laut losgelacht.

Ihre Augen waren riesengroß, als sie Jan jetzt ansah. „Ja, und Angelika Barschot war spätestens nach meinem fünften Anruf nicht mehr ‚amused', dass ich sie immer wieder anflehte, mir Informationen über dich zugeben. Sie dachte wohl, ich sei ein Stalker, der es mit einem völlig neuen Trick versucht." Jan hatte wohl Scham erwartet wegen ihrer Dusseligkeit, nicht dass sie herzlich über sich lachte. Er schüttelte den Kopf. Dann ging er zwei Schritte auf sie zu. Ein kühler Wind wehte plötzlich durch die Tür. Hannah begann wieder zu frösteln. Doch genau in dem Moment, als sie sich den Schal wieder fester umbinden wollte, da nahm er sie in seine Arme und ließ sie nicht mehr los. Hannah hing an ihm wie eine erstarrte Puppe.

****

Polizeistation

„Ob es Mord oder Totschlag war, der Fall Berenler? Irgendwas kam mir immer schon komisch vor, so wie der da lag! So fällt doch keiner, den der Schlag trifft!"
„Gut dass wir mit der Aussage der Kleinen eine Beschreibung des Täters haben. Sollte jetzt nicht mehr so schwer sein, den Täter zu finden. Wir scannen einfach systematisch immer enger im Kreis derjeni-

gen, die mit Berenler ein Hühnchen zu rupfen hatten! Die im letzten halben Jahr entlassenen Angestellten bin ich schon durch, hier ist die Liste."

****

VERRATEN

Hannah und Jan gingen an der Oder entlang und ließen das Universitätsgebäude hinter sich. Sie spazierten wortlos weiter in Richtung der Brücke, die Frankfurt und Slubice verbindet. Die Brücke war geschwungen und blau. „War das früher der Grenzübergang?", fragte Hannah Jan. „Ja, aber heute muss kein Pass mehr gezeigt werden." Autos fuhren über die Brücke, Leute hasteten entlang. Hannah schaute auf den Fluss. in der Ferne ging langsam die Sonne unter. Auf der polnischen Seite der Oder sah sie Fischer, die am Rande des Flusses standen und angelten. Das Wasser floss recht schnell, aber ruhig. Vögel zogen am Himmel entlang, sie hörte ihr Flattern. Wie durch Watte drang Jans Stimme zu ihr: „Komm, lass uns im Café was trinken. Ich lad dich ein!" Er zog Hannah mit sich.

Hannah schmunzelte, als sie im Café mitbekam, dass er promoviert hatte und eine Beraterstelle an der Europauniversität Viadrina hatte … daher der Doktor-Titel … Hannah sagte kaum etwas, sondern ließ Jan reden. Er fragte sie, was sie denn die ganze Zeit „so ohne ihn" gemacht habe, und sie erzählt ihm, dass sie endgültig gekündigt habe und auf Teneriffa gewesen sei. Sie habe jetzt für ihr Buchprojekt ein sehr gutes Gefühl. Jan war erstaunt und freute sich sichtlich.

„Toll, du willst ein Buch schreiben, vielleicht kann ich dir dabei später noch helfen, oder vielleicht schon bald, weil ich viel Zeit, sehr viel Zeit haben werde, vielleicht. Na ja, jedenfalls hab' ich ein wenig Erfahrung, wegen meiner Promotion. Wissenschaftlich schreiben kann ich richtig gut. Aber biografisch habe ich nie eine Zeile zu Papier gebracht, nicht einmal Tagebuch geführt."
„Danke, das ist wirklich nett von dir, aber ich komm ganz gut zurecht."
„Und sonst?"
Hannah lächelte etwas gequält. „Ach, und sonst, sonst war eigentlich alles in Ordnung. Du hast mir zu Beginn sehr gefehlt. Ich habe dir Tausende niemals abgeschickte Briefe geschrieben. Aber inzwischen …'
„Du mir auch!" Jan nahm vorsichtig ihre Hand, strich mit seinem Zeigefinger über ihren Handrücken. Hannah fröstelte schon wieder und konnte sich gar nicht erklären warum. Vor zwei Monaten wäre sie noch überglücklich gewesen …

„Da fällt mir ein", sagte sie und zog ihre Hand ein kleines Stück zurück, „ich hab da noch was Komisches erlebt, na ja, eigentlich was Grausiges.

Also, nicht ich persönlich, sondern so ein Mädchen, das wir auf Teneriffa kennengelernt haben. Um es kurz zu machen, es stellte sich plötzlich raus, dass das Mädchen sehr wahrscheinlich einen Mord beobachtet hat. Du hast vielleicht davon gehört. Da ist doch vor einigen Wochen dieser Berenler, Personalvorstand von *Movies Entertainment*, verstorben bzw. umgebracht worden. Er war bekannt. Dass er einen Unfall hatte, stand in der Zeitung."

Jetzt zog Jan seine Hand ein wenig zurück, vielleicht war es auch nur ein kurzes Zucken.
Hannah sah ihn an, aber Jan war nicht mehr bei ihr. Seine Augen schienen plötzlich so leer wie ein ausgetrockneter Brunnen. Er stand auf und verabschiedete sich.

„Tut mir leid, Hannah, ich habe noch einen sehr wichtigen Termin an der Uni. Aber, es war wirklich schön, dich wiederzusehen. Ich melde mich bei Dir! Jetzt wirklich", beteuerte Jan, als er Hannahs enttäuschten Blick sah „Willst Du mir immer noch nicht deine Telefonnummer und deine Adresse geben?"
Jan zog seinen blauen Trenchcoat in Ruhe an, und musterte sie: „Hannah, dieses Mal werde ich mich bei Dir melden. Du kannst dich drauf verlassen. Hat alles seine Gründe, glaub mir. Du wirst es später verstehen." Hannah reagierte kaum mehr, als er sie zum Abschied küsste.

Als sie ihre Wohnung betrat, stolperte sie direkt hinter der Eingangstür über einen riesigen Obstkorb. „Prinzessin, ich musste an die Oper, Donald Runnicles ist gestürzt und kann heute Abend nicht dirigieren. Ich muss für Ersatz sorgen. Komme spät, es tut mir so leid – wir holen es nach, ja? Ich liebe Dich".

„Er liebt mich? Er schreibt, dass er mich liebt?" Hannah schüttelte den Kopf. „Ging das nicht ein wenig schnell? Klar liebte Robin sie, das hatte sie in der Nacht gemerkt. Es war, als hätte er ewig auf sie gewartet, so aufgelöst war er gewesen, fast zittrig vor Erregung ... was er ihr alles gesagt hatte ... wie er für sie sorgte, bemüht, dass es ihr gut ging... es gab ihr ein warmes Gefühl, es war gut, von ihm geliebt zu werden. Wieso tauchte Jan jetzt auf ... Ja, abgearbeitet war ein guter Begriff, sie hatte ihn sich aus der Seele geschrieben, weil sie dachte, sie müsse das. Nicht jetzt schon wieder Jan! Das durfte doch nicht sein, das würde sie nicht noch mal durchstehen, auch schreibend nicht. Sie hatte ihn sich ein für alle Mal vom Leib geschrieben, dieses Thema hatte sie ausgeschrieben, Seite um Seite, Nacht um Nacht! Es durfte keine Fortsetzung geben. Punkt. Finis. Ich bleibe jetzt dabei, ich laufe jetzt nicht mit fliegenden Fahnen über, ich halte zu Robin. Jan muss weg aus meinem Leben. Er bringt nur Unglück!" Entschlossen ließ sie ihre Bluse und den Rock zu

Boden fallen, streifte die Pumps von ihren Füßen und verschwand im Badezimmer.

Sie lag schon im Bett, doch so müde sie auch war, ein paar Zeilen für das Tagebuch mussten sein. Wie in Trance schrieb sie die Begegnung mit Jan und alle ihre Gefühle herunter. Kaum hatte sie ihren Stift aufs Papier gesetzt, kaum war das erste Wort geschrieben, da las sie schon wieder *Jan*. Und auch im nächsten Satz wieder *Jan*. Und dann *er und* wieder *er,* und plötzlich *ich* und *er,* oder *er* und *ich*. Sie konnte es nicht fassen. Ihr Stift machte, was er wollte. Er hatte ein Eigenleben, rannte und rollte über das Papier und beschrieb jetzt sehr genau, wie Jan das Café verließ und somit aus ihrem Leben schwand, wie er es auch sollte, in seinem blauen Trenchcoat. „Der blaue Trenchcoat! Meine Güte, hatte der Mörder nicht auch …, zumindest hatte Rosa das so gesagt, auch Jans Aussehen, seine Statur, die Größe würde zu Rosas Beschreibung passen. Aber, so ein Blödsinn, wie kam sie nur darauf? Was machte der Stift mit ihr? Sie fing ja an zu fantasieren, statt Tagebuch zu schreiben.

Hannah rutsche ein wenig nach oben und stopfte sich das Kissen wieder in den Rücken. *Oder doch? Jan ein Mörder?* Der Gedanke ließ sie nicht mehr los, und je länger sie darüber nachdachte, desto mehr Indizien sprachen für diese These. *Hatte Jan nicht immer dieses gewisse Etwas in seinem Ausdruck gehabt? So etwas Ambivalentes in seinem Gesicht, das sie kaum beschreiben konnte. Dass sie zu Anfang regelrecht angemacht, ihr zuletzt aber auch Angst gemacht hatte. Vielleicht konnte man das als Schizophrenie bezeichnen. Und hatte sie damals in der U-Bahn nicht auch gedacht, sie kenne ihn irgendwoher, und hatte sie nicht immer gedacht, mit diesem Mann stimme etwas nicht. Gut, das hatte sie von sich selbst zuletzt auch gedacht. Dieses Indiz musste wieder gestrichen werden. Aber trotzdem, ihr Gefühl sagte, dieser Jan führte ein Doppelleben, und warum nicht auch das eines Mörders? Das käme ihr zumindest sehr gelegen. Dann würde er endgültig aus ihrem Leben verschwinden, also lebenslänglich, oder bei guter Führung fünfzehn Jahre. Das würde sicher reichen, um ihn zu vergessen. Obwohl, sie könnte ihm natürlich auch Briefe schreiben. Auch das wäre möglich. Oder als Master of Biographical and Creative Writing könnte sie Schreibkurse im Knast geben und mit Jan dann die Schreibübung „Fischtank", mit der er nach Schreibthemen in seinem Hirn fischen konnte, machen, damit da endlich mal Klarheit und Reflexion in sein Leben kommt. In das Leben eines Mörders!*

Jetzt galt es nur noch die klitzekleine Frage zu klären, warum Jan den Berenler umgebracht hatte. Hannah rutschte wieder ganz tief in ihr Kissen und kaute an ihrem Stift. *Tja, das war nun nicht so einfach.* Doch plötzlich drückte sie sich mit einem Ruck nach oben, starrte auf ihr Tagebuch und warf es in einem hohen Bogen durch ihr Zimmer. *Das durfte doch wohl nicht wahr sein. Sie war gerade dabei, einen Mörder zu erfinden, also einem womöglich unschuldigen Mann einen Mord anzuhängen. Also ne, irgendwie ging das mit dem Kreativen Schreiben jetzt doch ein bisschen zu weit. Sie musste unbedingt mal den Dozenten Rademacher fragen, was man gegen allzu starke Phantasieströme machen konnte. Irgend so eine Schreibübung, die Schutzdämme aufbaut und Phantastereien in geeignete Kanäle zu lenken weiß.*

Hannah knipste das Licht aus und knipste es gleich wieder an. Sie stapfte zu ihrem Schreibtisch, zog die unterste Schublade auf und suchte nach der blauen Kladde. Irgendwo da unten musste sie doch sein. Sie hockte sich auf den Boden, schnappte sich den ganzen Inhalt und breitete ihn auf dem Teppich aus. Und da lugte die Kladde auch schon hervor. *MOVIES ENTERTAINMENT / Geschäftsbericht.*

Hastig blätterte sie auf Seite drei. *Die Visagen des Vorstands sahen ihm nicht gerade ähnlich, ja, und Berenler schied wohl sowieso aus. Er konnte sich ja schlecht selbst ermordet haben. Oder? War Jan vielleicht Berenler ... oder ...?* Sie musste lachen.

Doch als sie plötzlich auf Seite sechs umblätterte, da verging ihr das Lachen, es blieb ihr tatsächlich im Halse stecken. Irgendwie hatte sie zwar gehofft, ihn dort zu finden, aber irgendwie auch nicht. *Auch, wenn viele Indizien jetzt gegen ihn sprachen, das musste doch nichts heißen, in den USA waren die Todeszellen voll mit nach Indizien-Verurteilten, bei denen sich später rausstellte, nachdem man sie aufs Stühlchen geschnallt hatte, dass sie unschuldig waren. Also Hannah, da wollen wir mal keine amerikanischen Verhältnisse hier einführen, nicht wahr!* Sie schob sich wieder das Kissen unter den Kopf und starrte auf das Foto. Plötzlich fiel ihr Erika ein. *Hatte die nicht von einem Reutter, Reutter mit zwei ‚tt' gesprochen, der von Köln weggegangen sei, womöglich in der Hoffnung auf Karriere ganz nach oben. Und das war vielleicht schon die Lösung: Berenler hatte Jan Reutter versprochen, den Vorstandsposten zu erhalten, den diese Wednarey jetzt hatte. Bei Movies Entertainment war es wie bei allen Unternehmen: Assistenten wurden hemmungslos ausgenutzt. Sie waren dazu da, den Chefs die Grundlagen zu erarbeiten und sie gut aussehen zu lassen. Vielleicht hatte Jan bei diesem Spiel nicht mitmachen wollen? Vielleicht war er nicht freiwillig gegangen? Womöglich war er tatsächlich in eine Intrige verwickelt gewesen, wie sie es sich schon im Taxi ausgemalt hatte? Aber, deswegen jemanden ermorden?* Hannah konnte das immer noch nicht glauben. Sie musste Jan sprechen. Jetzt gleich und sofort.

Im Telefonbuch fand sie ihn blitzschnell. Nachdem sie nun ahnte, wie sein Name richtig buchstabiert wurde. *Er wohnt noch nicht einmal weit von mir, der Hund*, dachte Hannah wütend. *Nürnberger Straße, es muss auf der Höhe des Ellington Hotels sein. An der Grenze zwischen Schöneberg und Wilmersdorf – jetzt weiß ich auch, warum er damals in der Eisenacher Straße herumgelaufen ist. Das ist zu Fuß keine zehn Minuten von seiner Wohnung!* Schon war sie in ihre Jeans geschlüpft, hatte den Fahrradschlüssel gegriffen und war aus der Tür gerannt, ohne abzuschließen.

****

Polizeistation

„Schau doch mal in den Zeitungsarchiven nach. Wir dehnen den Zeitraum aus, in dem wir nach entlassenen Mitarbeitern schauen. Ich hab mit Berenlers Sekretärin Monika Rischmann gesprochen. Vor einem Dreivierteljahr hat sich Berenler von seinem Mitgeschäftsführer Reutter getrennt. Offiziell friedlich und mit hoher Abfindungssumme. Aber unter der Oberfläche hat es anscheinend doch gebrodelt.

Die Rischmann sagt, Reutter sei ausgebootet worden, verarscht nach Strich und Faden. Erst habe Berenler vor dem übernehmenden Konzern gekatzbuckelt, dann Jan Reutters Ideen und Konzepte als seine ausgegeben und schließlich die Story auf die Spitze getrieben, indem er mit einer Bereichsleiterin im Unternehmen, einer Frau Wednarey, gemeinsame Sache gemacht hat.
Die beiden haben diesen Reutter gemeinsam aus der Firma gedrängt, und die Wednarey sitzt jetzt auf dem Stuhl, den Berenler Reutter versprochen hatte. Na, wenn das kein Motiv ist, oder, Harry? Fahr schon mal den Computer hoch … Klingt doch nach einem eindeutigen Motiv?" „Ja, aber mit den Zeitungsarchiven werden wir wohl kaum weiter kommen. Die berichten nur die offizielle Version. Obwohl, gerade die Boulevard-Blätter gehen doch Gerüchten und Intrigen gerne nach … Prominent genug war er ja, der Herr Berenler! Zusätzlich ruf ich einen Kameramann an, was die Gerüchteküche bei TV24 so sagt. Und dann sollten wir uns diesen Herrn Reutter mal vornehmen."

****

ABSCHIED

Wie unter Strom radelte Hannah durch die Straßen und stand dann nassgeschwitzt vor seinem Haus in der Nürnberger Straße 28. Zögernd drückte sie die Klingel. Als sie die Treppe hochging, wurden ihr die Beine plötzlich schwer. Sie fröstelte wieder. *Wie damals, im Café an der Oder.* Ein Schauer lief ihr über den Rücken. Sie blieb einen Moment stehen und dachte an Robin. *Robin, der immer so lieb zu ihr war – lieb zu ihr war – der kein Mö...* Das Wort konnte sie nicht zu Ende denken. Sie schwankte, suchte nach Halt. *Was wird aus ihm werden? Aus ihm und mir?* Als sie den Schal um sich ziehen wollte, merkte sie, dass sie gar keinen Schal dabei hatte. Im zweiten Stock stand die Tür weit offen. Zögernd setzte sie einen Fuß über die Schwelle, blieb abrupt stehen, weil sie etwas gehört hatte, so ein Schnaufen, oder Ächzen, oder was? Nein, doch nichts, alles still, verdächtig still. Sie hielt sich an der Türklinke fest und wagte noch einen Schritt nach vorn. Plötzlich, wie von der Decke gefallen, stand Jan vor ihr, nahm sie in den Arm und sagte, dass er sie womöglich für sehr lange Zeit, vielleicht auch nie mehr sehen werde, und sie sagte: „Ich weiß", und drückte sich an ihn und spürte, wie ihr die Tränen über die Wangen liefen, die jetzt ganz heiß waren. Ihr gesamter Körper schien plötzlich zu glühen und sie wusste, dass jetzt jedes Versprechen wie ein leerer Brunnen war, an dem ein alter Eimer hing. Nur um die Hoffnung nicht ganz aufzugeben.

Und während sie noch nach Worten rang und sich die Tränen von der Wange wischte, hörte sie die Polizeisirene. Ein letzter Blick auf Jan, ein hastig gestammeltes „Auf Wiedersehen." Dann drehte sie sich um, ganz langsam. Gleichgültig, wie in Trance, ging sie die Treppe hinunter und den Beamten entgegen, die sie gar nicht beachteten. Unten blieb sie stehen, schaute in den Taschenspiegel und zog sich mit fahrigen Händen die Lippen nach. Dann verließ sie durch den Hinterhof das Haus.

Während sie ihr Fahrrad aufschloss, klingelte ihr Handy. „Ja Robin. Ich dich auch. Ich komme jetzt … nach Hause." „Hannah, ich freue mich auf dich." Sie legte auf.

EPILOG

Hannah zögerte einen Augenblick, aber dann warf sie den dicken Briefumschlag in den gelben Postkasten. Adressiert war er an *Movies Entertainment*. Ein Konzept für eine Doku-Soap – Movies Entertainment war immer auf der Suche nach neuen Formaten. *Warum also nicht eine Doku-Soap, deren Witz sich aus Intrigen und Verwicklungen speiste?* Sie hatte in ihrem Skript die Medienwelt tüchtig auf die Schippe genommen. Viel zu übertreiben brauchte sie gar nicht … die Realität hatte es in sich. *Ob sie den Witz dahinter verstehen würden? Die Satire?* Wahrscheinlich würde das Skript in einer Schublade vermodern, aber das war ihr egal.

Der zweite Umschlag war an Jan Reutter, Justizvollzugsanstalt Tegel, adressiert. Sie betrachtete das Kuvert, strich mit der Fingerspitze über Jans Namen. Sie hatte ihm ein paar Schreibanregungen mit hineingelegt, für die vielen einsamen Tage. Auch sie würde viel Zeit allein verbringen. Eben gerade wären ihr fast wieder die Tränen gekommen … bei der Vorstellung, wie Jan hinter Gittern saß … doch jetzt musste sie lächeln, und konnte sich plötzlich kaum noch halten vor Lachen und vor Glück. Sie hatte die Idee für ihren ersten Roman im Kopf! Sie steckte den Umschlag in den Briefkasten und konnte es kaum noch erwarten, den ersten Satz zu tippen. Beinahe wäre sie über einen Rauhaardackel mit Rentner gestolpert.

ANHANG

Interview mit einem ‚echten'
Intrigen-Drehbuch-Coach

„Ich habe Ihren Flyer zum ‚Intrigen-Coaching' entdeckt und auch Ihr Buch zum Thema ‚Intrige'. Auf dem Cover hat ein hübscher, lächelnder Fisch eine Hai-Flosse aufgespannt. Ein Symbol dessen, wie eine Intrige daher kommt?
Ja, man sieht nicht gleich, was hinter dem Lächeln steckt. Intrigen können hübsch verpackt sein, in Komplimente, Lob und Geschenke beispielsweise. Andere Intrigen kommen böse daher. Und die meisten erkennt man gar nicht so schnell; da versteckt sich der Fisch im trüben Wasser.

„Wer kommt zu Ihnen in die Beratung?"
Menschen, die schwerwiegende Konflikte haben, die sie nicht recht durchschauen, meistens im beruflichen Bereich; es geht um Verleumdungen und Konkurse, aber auch um das so genannte ‚Kaltgestelltwerden'. Häufig geht der Konflikt vom Beruflichen über ins Private. Viele vermuten, es könnte eine Intrige sein, und wollen strategische Beratung, Aufarbeitung und Lösungsmöglichkeiten für die Zukunft. Denn

häufig liegt die vermutete Intrige schon Jahre zurück. Nach der Intrige ist vor der Intrige, sagen sie sich dann.

„Sie haben anscheinend einen ganzen Koffer voller Methoden, die Sie Ihren Klienten zur Verfügung stellen. Ich habe darin auch das Schreiben eines ‚Intrigen-Drehbuchs' gefunden, das hat mich als eine aus der schreibenden Zunft besonders angesprochen. Wie funktioniert das?"
Wenn das Wort ‚Intrige' fällt, läuft im Kopf ganz schnell ein Film ab: mit Schlüsselszenen und Hauptrollen, Gerüchen und Geräuschen, mit dramatischen Wendungen und schrecklichen Ausgängen von Geschichten. Dies nutze ich, indem ich die Betroffenen anleite, ein Drehbuch zu schreiben, mit ‚ihrer' Intrige. Wobei man dabei nicht bei der Wahrheit bleiben muss; Phantasie hilft, die Wahrheit über die Vergangenheit herauszufinden und Lösungen für die Zukunft zu entdecken.

„Wie läuft so ein Intrigen-Beratungs-Coaching normalerweise ab?"
Betroffene – meist Opfer – rufen oder mailen mich an; wir telefonieren oder verabreden ein Vorgespräch, um zu klären, worum es geht und ob Coaching bei mir das Richtige ist. Wenn die Antwort positiv ist, werden die Ziele geklärt, und wir vereinbaren die Bedingungen: manchmal eine einmalige Sitzung,

Verlängerung möglich, manchmal eine feste Sequenz von beispielsweise drei Sitzungen oder die Teilnahme an einem Gruppenworkshop über zwei Tage. Hieraus ergeben sich dann manchmal regelmäßige Treffen über einen längeren Zeitraum, je nach Anliegen und dem, was für die betroffene Person gerade am besten erscheint.

„Gibt es auch Menschen, für die ein Intrigen-Coaching nicht anzuraten ist?"
Wenn die Betroffenen regelrecht traumatisiert sind und unüberbrückbare Angst haben, sich näher mit dem Geschehen zu beschäftigen, dann ist Coaching nicht das Richtige, sondern möglicherweise eine Therapie.

„Wie sind Sie darauf gekommen? War der Masterstudiengang „Biografisches und Kreatives Schreiben" an der Alice-Salomon-Hochschule, den Sie nach Ihrer Ausbildung zur Diplom-Psychologin aufgesattelt haben, ein Auslöser?"
Das Studium hat sicher meine Methoden verfeinert und erweitert, die ich bereits während meiner jahrelangen Arbeit als Coach hatte. Selbst als Autorin geschrieben habe ich schon länger; mein beruflicher Ratgeber ‚Intrige' war schon in der Mache, als ich anfing, Kreatives Schreiben zu studieren.

Welche Erfolge lassen sich damit erzielen?

Mit Coaching – dem Intrigendrehbuchschreiben oder anderen Tools – kann man zum einen analysieren: Was ist genau passiert in diesem Konflikt? Hätte es andere Möglichkeiten der Gegenwehr gegeben, wenn ja welche? Danach können viele schon besser bewältigen, was an Schrecklichem passiert ist. Zum zweiten kann man sich so für die Zukunft wappnen, damit so etwas nicht wieder oder nicht in dieser Art oder mit solchen Auswirkungen passiert. Wenn man z.B. noch mitten in einer Intrige steckt, dann lassen sich adäquate Handlungsschritte entwickeln: wie wehre ich mich? Wie verhindere ich Schlimmeres? Schlage ich zurück und wenn ja wie? Oder ziehe ich mich besser zurück, da ich sonst noch mehr Schaden nehme?

„Kann man damit nur individuell und einzeln Probleme lösen oder könnte man auch in einer größeren Gruppe ‚Intrigenprävention' betreiben?
Ich biete auch Intrigenworkshops an. Da ist dann der Gruppenaustausch über Erfahrungen und Lösungsansätze möglich. Schreiben in der Gruppe hat eine eigene, besondere Dynamik. Manche kommen erst da auf sehr ausgefallene Lösungen für die Zukunft, kreative Filmschlüsse etc. Andere aber schreiben lieber in der intimen Zweiersituation mit einem Coach, wo man auch intensiver auf die Einzelperson eingehen kann.

Werden Sie mit so einem modernen Instrument nicht auch in Talkshows eingeladen? Ich meine, das Thema Intrigen – und damit ist das Thema Burnout sicher eng verbunden-, die spielen im Arbeitsalltag doch eine solch große Rolle, da müssten Sie doch sehr gefragt sein?
Ich habe tatsächlich nicht nur viele Anfragen von Betroffenen, sondern auch zahlreiche Interviewanfragen bekommen. Eine passende Talkshow war noch nicht dabei. Obwohl es Anlässe genug gäbe. Vielleicht liegt es daran, dass ich mich weigere, ein so ernstes Thema auf den Aufmacher ‚Skandalskandal' zu reduzieren; außerdem sind viele Intrigen erst Jahre später als solche erkennbar, wenn überhaupt. Das interessiert dann viele Journalisten nicht so und das Publikum angeblich auch nicht.
Im Übrigen: Mobbing ist nicht gleich Intrige. Und Burnout hat viele Ursachen ...

Was bedeutet das Intrigen-Coaching Ihnen persönlich? Welche Erfahrungen machen Sie dabei?
Ich erfahre viele bewegende Geschichten, über extreme Leiderfahrungen, die sogar die Existenz eines Menschen bedrohen können ..., aber auch viel über Kreativität und Lebenskunst. Wenn wir dann zusammen über Bewältigtes lachen können, oder über ausgefallene Einfälle, wenn Betroffene neue Lösungen erfinden für die Zukunft, dann macht das ungeheuren Spaß. Auch ich lerne von meinen

Klienten, es gibt Fälle, die sind so extrem, dass man kaum glauben mag, dass Menschen sich so etwas antun. Aber jetzt lassen Sie uns mal auf Ihren Fall zu sprechen kommen. Wo drückt der Schuh?

DANKSAGUNG

Vielen Dank an
Guido Rademacher, Gitta Schierenbeck,
Regina Michalik, Marita Vornbäumen,
Franziska Liebetanz, Regine Meltzer,
Cornelia Rößler, Dorothea Lüdke,
Ulrike Scheuermann.

Foto: Juliane Henrich

SUSANNE DIEHM ist Autorin. Nach einer 20-jährigen Karriere im PR-Management eines international führenden Konsumgüterherstellers lehrt sie jetzt *Kreatives Schreiben*, begleitet andere Autoren und kombiniert Schreiben gerne mit neuen Ideen. Im Studium zum *M.A. Biografisches und Kreatives Schreiben* erschien ihr *Hannah* zum ersten Mal. *Hannah* soll noch mehr fabelhafte Abenteuer in der Welt des Kreativen Schreibens erleben. Ihre Erfinderin bekennt sich dazu, collagenartig biografische Erfahrungen in Fiktion umzuwandeln, die mit dann tatsächlich Erlebtem nur indirekt zu tun hat.

Fingerübungen auf dem Weg zum Roman waren: *Wie Kreatives Schreiben beflügelt – auf dem Weg zum Traumjob*, das Sachbuch erschien 2011 in Zusammenarbeit mit Lena Hach beim Schibri-Verlag. *Die Macht der Worte. Schreiben als Beruf* war ihr zweites Buch, das Schreibberufe zum Thema hat. Mit dem Journalisten und Profiblogger Michael Firnkes hatte die Autorin einen Co-Produzenten auf Augenhöhe aus der digitalen Schreibwelt.

Eine Ausbildung nicht nur zur Schreib-, sondern auch zur Kunst- und Kreativitätstherapeutin beim IEK Berlin erweiterte ihr Spektrum, und mit künstlerischen Impulsen ist sie als Coach auch international unterwegs.

Homepage: *www.susanne-diehm.de*
E-Mail: *mail@susanne-diehm.de*

Guido Rademacher (Hg.)
... und dann ging die Geschichte erst richtig los
Ein Lesebuch

Biografisches und Kreatives Schreiben an der Alice-Salomon-Hochschule Berlin

Den Leserinnen und Lesern dieser Anthologie wird es leicht verständlich sein, dass das Prosa-Schreiben in Studien- und Weiterbildungskonzepten des biographischen und kreativen Schreibens beheimatet sein muss. Aus diesem Ausbildungsfeld, in dem Guido Rademacher M. A. als Lehrbeauftragter unterrichtet, stammen die vorliegenden 30 Texte. Der an der Alice-Salomon-Hochschule Berlin (ASH) angebotene Masterstudiengang „Biografisches und Kreatives Schreiben" (BKS) ist ein Weiterbildungs-Studiengang. Die hier vorgestellten Geschichten sind im Modul Prosa entstanden und sollen dem Leser und der Leserin einen Einblick geben, wie durch konstruktive Kritik in Feedbackgruppen, durch die Aneignung verschiedenster Methoden und Möglichkeiten des Kreativen Schreibens auch in den weiteren Modulen des Studiengangs, biographische/fiktive und hochqualitative Texte entstehen können, die eine Publikation dringend erforderlich machten.

EUR 14,00 • 2011 • 204 Seiten • ISBN 978-3-86863-062-6
Bestellung möglich über Ihre Buchhandlung oder den
Schribri-Verlag • Tel.: 039753/22757 • info@schibri.de • www.schibri.de

Mit Beiträgen von:
Katja Andergassen, Frank Aschoff, Anke Bartholomä, Jutta Beuke, Lydia Betz-Michels, Marlies Blersch, Evelyn Brandt, Christina Denz, Martina Eidt, Kerstin Günther-Rellecke, Heike Gumz, Angelika Grigat, Uta Jugert, Andrea Lenz, Susanne Lipp, Jutta Michaud, Bettina Melzer, Hartmut Meierkord, Isabel Morgenstern, Marita Oeming-Schill, Sabine E. Rasch, Christina Schoch, Birgit Marianne Said, Sabine Samonig, Jacqueline Semper-Jost, Uli Streib-Brzič, Karin Ulrich, Katharina Weißbach-Hempel, Angelika Weirauch.

Lutz von Werder

Brainwriting & Co.

Die Schüler und Studenten der Industriestaaten müssen im Lernen mehr Kreativität entwickeln. Methoden des Selberlernens werden zu Schlüsselqualifikationen für Allgemeinbildung, Ausbildung und Beruf.

Brainwriting stellt diese Methoden, die in den USA entwickelt wurden, auf wissenschaftlicher Grundlage dar. Damit verbunden sind Trainingseinheiten zur Anwendung dieser Methoden bei der kreativen Lösung vielfältiger Aufgaben aus der Lernkultur von Schülern und Studenten. Brainwriting hilft Schülern und Studenten. Es gehört auch in die Hand des innovativen Lehrers und Professors, der seine Schüler und Studenten für eine neue Welt lebenslangen Selberlernens methodisch gut qualifizieren will. Brainwriting ist schließlich eine Möglichkeit für Eltern, ihre Kinder bei der Entwicklung ihrer Kreativität zu unterstützen.

Über den Autor:
Lutz von Werder, geb. 1939, Philosoph. Bis 2004 Hochschullehrer für Kreativitätsforschung an der Alice-Salomon-Hochschule in Berlin-Hellersdorf. Seit 1993 Leitung von Philosophischen Cafés in Berlin mit 80 bis 300 Personen. Herausgeber des Magazins "Selber denken", zahlreiche Publikationen zur philosophischen Lebenskunst, praktischen Philosophie, zum kreativen/wissenschaftlichen Schreiben sowie literarischer Texte.
Er ist als Philosoph seit 1993 Leiter der philosophischen Cafés in Berlin. Er ist Verfasser erfolgreicher Bücher zur philosophischen Lebenskunst sowie literarischer Werke.

EUR 10,00 • 2. Auflage • 2011 • 172 Seiten • ISBN 3-928878-83-2

Bestellungen möglich über Ihre Buchhandlung oder den
Schibri-Verlag • Tel.: 039753/22757 • info@schibri.de • www.schibri.de

Wie Kreatives Schreiben beflügelt – auf dem Weg zum Traumjob

Gibt es ein Geheimnis des Schreibens? Susanne Diehm und Lena Hach haben sich aufgemacht, um es herauszufinden. Sie haben 18 Menschen zum Gespräch gebeten, die es wissen müssen. Darunter Bestsellerautorin Jenny-Mai Nuyen, Feuilleton Chef Hendrik Werner und die preisgekrönte Lyrikerin Nadja Küchenmeister. All sie erzählen offen von ihrer Herangehensweise, ihren Schreibritualen aber auch von den Schwierigkeiten, die ihnen immer wieder begegnen – und wie sie damit umzugehen wissen. Zusätzlich zu jeder Menge Expertentipps sind in dem Buch Übungen des kreativen Schreibens versammelt, mit dem die LeserInnen garantiert selbst ins Schreiben kommen. Damit sie endlich diesen einen Text realisieren können, der ihnen schon so lange „unter den Nägeln" brennt.

EUR 9,80 • 2011 • 118 Seiten • ISBN 978-3-86863-084-8

Bestellung möglich über Ihre Buchhandlung oder den Schibri-Verlag • Tel.: 039753/22757 • info@schibri.de • www.schibri.de

Über die Autoren

Lena Hach • Nach dem Besuch der „Schule für Clowns" in Mainz studierte sie Sprachen in Frankfurt/Main und Berlin. Gleichzeitig begann sie, als Journalistin für Zeitschriften und Tageszeitungen zu arbeiten. Seit dem Erscheinen ihres Prosa-Debüts „Neue Leute" im Frühjahr 2011 widmet sie sich vor allem dem literarischen Schreiben.
Mehr Informationen finden Sie auf www.lenahach.de

Susanne Diehm • Nach vielen Jahren als Pressereferentin setzt sie jetzt als freie Texterin Unternehmen in Szene und trainiert Menschen, die „Schreiben!" wollen. Sie ist als Schreibberaterin an Schulen und in Europäischen Projekten tätig sowie mit Kreativem Schreiben in der Gesundheitsförderung und Stressbewältigung aktiv. In Berlin hält sie regelmäßig Workshops und begleitet in Einzelberatung Schreibende, die veröffentlichen wollen.
Mehr Informationen finden Sie auf www.schreiberlebnis.de